故事的力量

People

假如
我只能給你
一個忠告

六十二位名人
給你的
人生建議

理查・瑞德 著
山謬・柯爾 插畫
張家綺 譯

If I Could Tell You Just One Thing :
Encounters with Remarkable People and Their Most Valuable Advice
by Richard Reed and Samuel Kerr

獻給

小雞跟香腸

目錄

序

一則忠告或許能改變一生，有好幾次就因此改變了我的人生。過去這幾年來，我從智慧和經驗凌駕於我的人身上學到東西，令我心懷感激，於是十年前我對自己做出承諾：只要遇到傑出人士，就請他們給我一則他們最好的忠告。這永遠比跟他們要一張自拍照還值得。

小時候父親常帶我去登山健行，在薄霧瀰漫的日子，攀爬約克郡峽谷（Yorkshire Dales）的緩坡及雷克蘭（Lakeland）峭壁。我們每次都走一條新路線，挑戰不同山峰，登頂時都會吃一條巧克力棒。雖然我不記得他教過我，但從他戶外活動的習慣我學到了這些事：要隨手關上柵欄門，以免綿羊溜出來；沿著田地的邊緣走，才不會踩到作物；有人上山時，退至一旁讓他們過。我最喜歡的傳統就是在堆石標上放一顆石頭，健行的人常會堆出一小堆石頭，以便辨識方位，方法簡單，又容易執行，不僅自救也能幫到別人：因為知道下一個迷路的人可能是自己，所以不吝於幫其他人指路。

烏雲密布，路徑不明時，好幾次我們都是靠著那些堆石標找到方向。即使萬里無雲，堆石標也是一種令人樂見的保證，要是堆石標的距離較遙遠，則暗示還有不同路線可以探索。

下山以後，我也開始感恩人生路上偶爾一句猶如堆石標的忠告。就像在霧中迷失方向或深陷沼澤地時，一、兩句智慧話語可以帶你走回正軌，同為旅人的知識，能為你指出最安全的路徑。

我的人生至少有三次因別人的一則建議而轉變。這幾年下來，我也深深感謝能跟比自己有智慧與經驗的人學習。所以十年前我對自己做了一個簡單的承諾：只要遇到傑出人士，都要請他們給一個最好的忠告。結果就集結成這本書。

《假如我只能給你一個忠告》蘊藏的人生經驗和情感面向五花八門，你可以看到各種背景的人所提供的智慧箴言：既有電視製作人賽門．高威爾（Simon Cowell），也有奧斯威辛[1]（Auschwitz）納粹集中營的倖存者莉莉．艾伯特（Lily Ebert），另外還有總統和流行巨星、企業家和藝術家、名人與倖存者，以及挺過來的人、歷經痛苦磨難的人、爬到人生金字塔頂端的人、見證過人類竟能慘無人道對待同胞的人。

好的忠告宛如一碗滋補的燉湯，用人生精髓熬煮而成。我聽了很多人分享，並且從這些出色的人身上擷取智慧，深深豐富了我自己的人生和對其他人類同胞的認識。如果精挑細選，光寥寥數語，就能捕捉並傳遞他人從自身艱困歲月所獲得的洞見，進而讓我們從中受惠。這正是本書每一場相遇的意義。

書裡每個人我都親自見過，可能是我經營公司時遇到，或是後來我在政府、慈善、藝術與媒體等不同領域工作時碰到。有些人本來就是朋友，有些人大方接受我的訪問，有幾個則是在命運之神撮合下於派對和會議上碰到，有個人甚至是在小便斗前被我逮個正著。

我請他們給我一個最好的忠告時，都會請求他們認真思考，覺得什麼最重要。我丟給每個人的問題就是：依你個人的經歷、知識和學到的事物，如果只能給一個忠告，那會是什麼？要求他們只能給一個忠告的話，對方就會更認真思考，能挖掘出更深層、更真誠的回應。結果我獲得的答案果然不同凡響，題材包羅萬象，從成功之道到面對失敗的態度，從尋找真愛到享受更美好的性愛，從發揮個人潛能到挺過受虐，涵蓋各個層面。在這本書裡，每個人絕對找得到能引發共鳴的智慧見解。

聽到我的要求時，大多數人都很樂意給予忠告，這種助人的意願顯示出人性本善。忠告不需要花一毛錢，就能永無止盡地分享，沒有期限地傳承下去。我希望這是第一本，未來還可以有更多本，畢竟這世界的傑出人士多到數不清，這第一本書也只擷取了其中一小部分的見解與話語，將來還有數不盡的故事等著人們分享，有無盡的智慧待我們去捕捉。

我希望能隨著時間慢慢打造出共同分享的忠告園地，讓每個人都能在這個智慧園地裡貢獻與學習。畢竟人類的經驗還是相近的，不是那麼南轅北轍。儘管每個人的人生道路不盡相同，各有獨特之處，但我們仍舊可以從有經驗的前人身上獲取知識，他們能夠告訴我們，最值得一見的美景在哪裡，並且引導我們渡河，抵達更安全的彼岸。

理查・瑞德　二〇一六年六月

1・納粹在二次世界大戰用來囚禁猶太人，進行種族滅絕的集中營。

Bill CLINTON

"One of the most important things is to see people.
The person who opens the door for you, the person who pours your coffee.
Acknowledge them. Show them respect."

美國前總統　比爾・柯林頓

與柯林頓總統共乘泡泡

幕僚人員都說跟柯林頓總統（Bill Clinton）旅行的經驗就像「裹在泡泡裡」。你會搭乘總統專機，夾在全副武裝的護送隊伍中間，跟他坐在同一張桌子前。你甚至不是在移動，而是如**行雲流水**；不用排隊過護照檢查關口，不用辦理入住手續，也不必退房——這一切都已經悄悄完成。你只要按照總統先生的時程，去他要去的地方就行。

我正好有機會跟著柯林頓基金會（Clinton Foundation）造訪非洲，搭乘到「泡泡」。這趟出訪行程滿檔，八天訪問八個非洲國家。每日行程都一模一樣：早上在一個新的國家醒來，搭乘護送專車，在塵土飛揚、坑坑窪窪的道路上行駛好幾個鐘頭，來到鳥不生蛋的地方，參訪專案進展——愛滋病檢測診所、瘧疾治療中心、女權抗爭團體——然後坐回吉普車，往下一個專案前進，一天至少重複四次。

每趟參訪，總統先生都勢不可當：直接步出四輪傳動吉普車，擁抱當地社區的護理人員，跟顯要人物交談，與當地部落舞者共舞，擺姿勢拍照，演講，頒發動章，停下來與當地人聊天，和小朋友玩耍，然後注意到後方有個默不出聲的人，特別過去跟他說話擁抱，哄得對方露出一抹笑。沒有哪一次不是這樣。在熾熱高溫與飛揚塵土之中，如此度過整整八天。我從沒見過這種行程，相信也沒人見識過。

在兩站之間一個難得的片刻，我請他給出一個人生忠告時，他沉思半晌，但總統的答案合乎我們所看到的行為：**「我逐漸相信最重要的一件事就是與人接觸。幫你開門的那個人、幫你倒咖啡的那個人，感謝他們，尊敬他們。南非祖魯人傳統的打招呼方式會說『Sawubona』，意思是『我看見你』，我努力做到這點。」**沒有人比他更身體力行自己的信念。

最誇張的是，經過十二個鐘頭實地參訪，精疲力竭、灰頭土臉地回到飯店後，我們這種平凡人都會回自己房間叫客房服務送晚餐，躲起來休息，可是柯林頓總統卻到樓下餐廳跟服務生聊天，與其他客人說笑，加入一對正在蜜月的美國夫妻，受邀參與家庭聚餐，跟一個家庭的爸媽和雙眼圓滾滾的兩名小孩同坐一桌。總統先生就是閒不下來。他知道對一般人來說，跟總統碰到面有多麼特別，或者明確一點地說，跟他碰到面有多難得。柯林頓總統來者不拒，還會讓每個人都覺得自己很重要，努力去接觸每一個人。

One of the most important things is to see people.
The person who

OPENS

the door for you,
the person who

POURS

your coffee.
Acknowledge them.
Show them

RESPECT

「最重要的一件事就是與人接觸。
幫你開門的那個人、幫你倒咖啡的那個人，
感謝他們，尊敬他們。」

Marina
ABRAMOVIĆ

"Today 100 per cent is not enough.
Give 100 per cent,
and then go over this border into what is more than you can do"

行為藝術教母　瑪莉娜・阿布拉莫維奇

瑪莉娜・阿布拉莫維奇的存在

我正在紐約市中心尋覓一碗湯，正確來講，是一碗雞肉湯麵，要蝦子。但當下猛然一想，我不禁猶疑，她先前是說要蝦還是不要蝦？一個月前，我跟瑪莉娜・阿布拉莫維奇（Marina Abramovi）排定這場午餐約會，她生於塞爾維亞，是國際間備受推崇的行動藝術家，我答應會帶著她最愛的湯去見她，但，偏偏就是想不起究竟是哪種湯。

為了避免可能失禮，我兩種都買了。抵達瑪莉娜位於格林威治（Greenwich）的工作室後，第一件要事就是決定誰喝哪碗湯。結果她不管個人偏好了，堅持要擲硬幣，交由命運決定。

我擔心她喝到不想喝的湯這件事，充分說明了我無可救藥的英國佬個性，也忽略了她是一名多次在公開場合鞭打、切割和燒灼自己裸體的藝術家，大概不是會為一碗湯煩惱的類型。

其實她是根本不屬於任何一種類型的女人。瑪莉娜風采迷人，獨樹一格，既誠懇又淘氣（她很愛說塞爾維亞的黃色笑話[2]），活得瀟灑，卻很自律，生性魯莽，卻充滿慈愛，可以說是我這輩子見過最有趣、最生氣勃勃的人。

在過去幾年的行為藝術中，她曾把自己逼到失去意識、身體留下傷疤、流血、差點喪命。其中一個早期作品《節奏〇》（Rhythm 0），就是她躺在一張桌子上，擺放七十二件不同物品供人使用——包括剪刀、羽毛、手術刀、蜂蜜、鞭子等——然後告訴他們：可以隨心所欲對她使用工具。最後她一絲不掛，頸部割傷，肚子上被刺入玫瑰花刺，一把槍指著她的頭。

她剛滿七十歲，卻比以往受歡迎。紐約現代藝術博物館（MOMA）在二〇一〇年舉辦瑪莉娜作品回顧展，主題是「藝術家的存在」，讓她的國際形象更深植人心。展覽的其中一部分，就是她不吭一聲、動也不動地坐在椅子上七百多個鐘頭，而好幾千名訪客排隊入場，有的人甚至徹夜排隊，為的就是坐在她對面。瑪莉娜會跟每位訪客四目相接，完全專注於當下，除非對方哭泣，她才會回應對方跟著流淚。

瑪莉娜解釋存在與產生意識就是她作品的中心思想。她認為培養內在的自覺，是讓我們自己從人造社會結構脫勾的最好方法，如此一來，才不會感覺自己無能為力或無依無靠。「很多人都覺得世界正在分崩離析，不如自我放棄，這種惰性對社會非常危險。人們必須知道，我們可以透過改變自我來創造改變。」

除非停止思考，達到心境的空白，我們才能加強意識；只有此時我們才獲得瑪莉娜所謂的「流動知識：人人皆具的普世知識」。她近期的作品，也是要幫助大家達到這種狀態，在過程當中，她邀請觀眾一起數米粒或水珠、重複開同一扇門，「讓人分心，以終止分心；重新發掘存在，以重新發現自我」。

她的作品深具原創性及絕不妥協的特質，加上她所冒的風險和所做的犧牲，都讓人不意外她給出的忠告，主要就是呼籲大家專注於自己的感受，去做自己覺得必要做的事。

「現在全力以赴已經不夠，付出百分之百後，還要再超越你所能做到的極限。你必須踏上未知旅程，前往沒有人到過的地方，因為那正是文明進步的腳步。百分之百已經不夠用，百分之一百五十才剛好。」

我完全尊重她的忠告，但我回她，大多數人可能不會像她，為了個人的熱情，做好受傷和疼痛的準備。對此她也有個忠告：「沒錯，疼痛或許很可怕，」她繼續回道：「但如果你對自己說：『那又怎樣？疼痛，你能拿我怎樣？』如果你接受疼痛，不再懼怕它，就能跨過去，進入無痛境界。」

這個忠告我選擇接受，但不會測試。

2.「黑山共和國的男人怎麼自慰？他們把小弟弟埋進土裡，等地震來。」（顯然這是塞爾維亞人最喜歡用來嘲笑黑山共和國男人懶惰的笑話。致我的黑山共和國男性讀者：失禮了。笑話來源：瑪莉娜·阿布拉莫維奇）

Today

100%

is not enough.
Give 100%, and then go over this border into
what is more than you can do.
You have to take the unknown journey to
where nobody has ever been,
because that is how civilisation moves forwards.
100% is not enough.

150%

is just good enough

「現在全力以赴已經不夠，付出百分之百後，還要再超越你能做到的極限。
你必須踏上未知旅程，前往沒有人到過的地方，因為那正是文明進步的腳步。
百分之百已經不夠用，百分之一百五十才剛好。」

Terry

WAITE

"What you have to do is live for the day,
you have to say,
now is life, this very moment."

人道主義家　泰瑞・魏特

善於等待的男人：泰瑞・魏特

我剛聽到人類史上最輕描淡寫的一句話。我正在伯里聖埃德蒙茲（Bury St Edmunds）跟泰瑞・魏特（Terry Waite）共進午餐，他的教區主教座堂就位於這個小鎮。他告訴我一九八〇年代末，他在黎巴嫩被挾持近五年的經歷，起初，他以英國國教會特使的身分前往調停，希望爭取釋放被關在當地的人質。泰瑞談到自己被單獨幽禁在狹小無窗監牢的那四年，手鐐腳銬將他固定在牆上。他回憶當時飽受拳腳相向、模擬處決的狀況，還跟我解釋如果看守要進他的牢房，他就得把眼睛蒙起來。也因為這樣，他四年下來一張人類臉孔都沒見過，他們連一枝筆、一張紙、幾本書都拒絕給他，也不讓他與外界溝通，包括他的家人。回憶到這一切時，他說：「對，確實有點與世隔絕。」

泰瑞・魏特展現出人性的謙卑、服務與犧牲。他將己置於險境，只期盼能拯救其他人，二十五年後的今天，依然孜孜不倦地幫助那些家人被挾持為人質的人，此舉已足以說明一切。

最誇張的是，他居然說這麼做主要是為了自己。我告訴他，我知道世上沒有絕對無私的善行，但他說得太過頭了。可是他堅持說，他的職業生涯一直都是在幫人達成和解，這條路也幫他跟自己在很多方面獲得和解。

他也迅速指出，很多人承受比他的經歷更苦難的事。有人因疾病或意外導致行動不便而被自己的身體困住了；他也很清楚，有太多人質最後完全回不了家。

泰瑞的話語和行動在在鼓吹同理心的重要：同理心就是他對人生的基本信條。他回憶跟一名兒子在伊拉克慘遭斬首的英國婦人的對談，即使悲痛萬分，她仍說她知道自己經歷的痛，無異於任何一位兒子因參戰或暴動喪命的伊拉克母親的痛。「光是這一段簡單的話語，她就以莫大勇氣總結出我們永遠都不該忘記的一件事：我們都是人類家族的成員。我們都有恐懼、希望和志向，有屬於自己的弱點，所以在替他人貼上負面標籤前，要格外謹慎。」

當泰瑞知道自己變成人質時，他的同理心讓他堅守自己設下的三條規則：不悔恨、不自憐、不多愁善感。他也堅持「拒絕暴力」的原則，這個哲學在他某天上廁所意外發現看守遺留的手槍時，遭到殘酷測試。（泰瑞只是說：「你好像忘了某樣東西。」便把槍交還給看守。）

那麼，長達四年的不公正、無情的孤獨禁錮，要怎麼面對？

「我都會盡量規劃自己的每一天；用一段時間運動，然後在腦中書寫一至兩小時，接著做心算，再用很長的時間編織詩詞，接著再繼續運動，諸如此類。」

我告訴他，要填滿孤寂的時間似乎很困難，這次泰瑞用一樣可以登上輕描淡寫世界紀錄的話頷首回應：「你知道嗎，要是他們願意給我幾本書，這段日子就不會這麼難熬了。」

他稱這段磨難帶給他意外好處，讓他之後能夠有離開支薪職務的信心，過著更自由的生活。於是他想給我們與這有關的一則智慧建言，就是生命中每一場災難，或者看似災難的情況，通常都可能逆轉，具有新意的事物可以從中誕生。「我不是說折磨不難熬、不辛苦，但也未必具有全面的毀滅性，重要的是你面對它的心態，還有面對後來的人生的態度。」

既然如此，對於人生態度，他有最好的忠告嗎？

「其實就是我在牢獄裡學到的一課。你要做的就是活在當下，你必須說，現在就是你的一輩子，這一刻就是。不是明天，不是昨天，而是今天，所以你要充實地去過這一天，要好好利用每一天。」

跟泰瑞聊完後，我會照做的。

What you have to do is live for the day,
you have to say, now is life, this very moment.
It's not

TOMORROW

it's not

YESTERDAY

it's

NOW

so you have to live it as fully as you can.
Invest in every day

「你要做的就是活在當下，你必須說，
現在就是你的一輩子，這一刻就是。不是明天，不是昨天，而是今天，
所以你要充實地去過這一天，要好好利用每一天。」

Joanna

LUMLEY

*"The secret, darling, is to love everyone you meet.
From the moment you meet them.
Give everyone the benefit of the doubt."*

英國演員　喬安娜・拉姆利

絕對堅定的拉姆利

我參加了一場頒獎典禮，座位之神對我露出溫暖的微笑，於是我被安排坐在喬安娜·拉姆利（Joanna Lumley）身旁，她是英國最受歡迎的女演員之一，也是全英最活躍、最有力的行動主義者。跟她交談，真切感覺到她跟大家的印象一樣：溫暖、包容、討人喜歡。但在她柔軟外殼的迷人風采下，有著激勵人心、堅不退讓的原則：公民義務、正義和做對的事情的使命感。她是內心溫暖和意志堅定的美妙綜合體，這也是為什麼儘管她的影視生涯已經很值得驕傲，但她在螢光幕外的付出與貢獻，才是精采絕倫。

就拿橫跨倫敦泰晤士河（Thames）嶄新的花園橋（Garden Bridge）來說吧，這個想法很快就成真，成為本世紀為倫敦市添色的新寵，就跟喬安娜·拉姆利一樣，住在倫敦的人沒有人不知道這座橋，沒有人不愛它。不過鮮少人知道這個構想完全出自於她，是她在腦中構思並大力推動讓想像成真，當初傻傻告訴她不可能的人，全都心服口服。

或者再來看尼泊爾廓爾喀（Gurkha）退役老兵（一九九七年以前替英國軍隊效命的傭兵[3]）

的問題，他們為了英國上沙場征戰，最後居然在歷史上遭到抹滅，無法居留英國——這決定簡直天理不容，非得推翻不可。這場戰很難打得光彩漂亮，但喬安娜・拉姆利依舊毫無保留地上陣，利用她的魅力、名氣、信念和頑強韌性，直到最後勝利入袋，權利手到擒來為止。簡言之，她不是簡單的女人。接著我在頒獎典禮上簡短致詞，提到我就坐在喬安娜・拉姆利旁邊時，現場觀眾全部掌聲如雷：在場每個人都愛她。這正好與她給我的忠告不謀而合。

「親愛的，祕訣就在要去愛你遇見的每個人，打從你跟他們遇見的那一刻起就要去愛他們。姑且信人一次，先相信他們可愛，你就會喜歡他們，然後大多數人都會以同樣態度回應你，他們會很可愛，也會跟著喜歡你，這就變成一種自我應驗預言，你就能完成最美妙的事。」接著她傾身，在我耳邊悄悄說：**「但要是讓你失望的混蛋，就叫他們滾蛋。」**

我不是說了嗎：內心溫暖，意志堅定。

3．殖民印度的英國，自十九世紀以來便在尼泊爾大量徵召傭兵，也因此廓爾喀成為著名的傭兵生產地。

The secret,

DARLING

is to

LOVE

everyone you meet.
From the moment you meet them.

GIVE

everyone the benefit of the doubt.

「親愛的，祕訣就在要去愛你遇見的每個人，
打從你跟他們遇見的那一刻起就要去愛他們。
姑且信人一次。」

Stephen

FRY

"work your bloody bollocks off."

英國演員、作家、主持人　史蒂芬・弗萊

能言善道的弗萊先生

我上一次跟演員史蒂芬．弗萊（Stephen Fry）交談時，他是機器人。當時的場景是一場科技會議，他透過一台接上全向輪機器人的 iPad，在他的臥房裡以搖桿和攝影機遠端遙控，參加會議。這一次，我們在倫敦一家舒適的會員俱樂部裡面對面喝下午茶，就著骨瓷茶杯啜飲閒聊。兩次不同互動，捕捉到這名迷人男子的兩個面貌：一方面，他自己承認是對最新3C產品很有興趣的科技怪咖；另一方面，他又是一名熱愛經典傳統與文化、溫文爾雅的英國紳士。

正如你所想像，在這兩次碰面當中，與他真實碰面比跟虛擬的他見面還精采。見到本人，可以感覺到他的溫暖和體貼，還有他將故事和自白穿插到對話的巧妙，而且人很好相處。

他謙虛地說，他對於給人忠告格外戒慎恐懼，但有幾個想法很樂於分享。我本來期待他說出很文藝或心靈層面的話，豈料他第一個想法就猛攻人生教練：「我想要給的一個忠告就是，別去上人生教練課程，那些全是江湖術士的話術，沒有例外，指出他媽眼睛了都看得出的事情，只會讓你撞得滿頭包。」

我要講一下，我真的沒料到他會這麼說。

在我追問之下，他更深入說明，其中一個理由就是「這種課程太過執著於設定目標。所以要是我達成目標了，接下來呢？就這樣嗎？我的人生結束了？我的目標達成了，還要再設一個嗎？如果還需要第二個目標，那要第一個人生目標幹麼？或者要是我沒達成目標，就是失敗嗎？」

他講話的同時，我偷偷摸摸翻過我列出「今日目標」的那頁筆記。

毫不意外，史蒂芬沒有人生教練，但他有諾爾・寇威爾（Noël Coward）。寇威爾有一句引言就擺在史蒂芬的書桌上，指引他的人生態度：工作比玩樂好玩。

「如果你找到的工作真的是這樣，你的人生就美好了。我知道我很幸運能夠找到這樣的工作，也知道很多人沒有這麼幸運，無法找到。大家開口閉口都在說工作與生活要達到平衡，但這種在天秤兩端取得平衡的說法根本沒有道理。工作不應該跟生活作對——工作就是生活才對。」

當然，光是熱愛你的工作還不夠，如果你想成功，就得做好心理準備，賣力工作。「我認識的成功人士哪一個不努力工作，他們拚了老命在工作。也許這就是我要給的忠告：拚上你的老屁股。」

但史蒂芬最強烈的建議，就是避開掉進一個想法陷阱，以為成功對別人來說輕而易舉。

「看著成功的人心想：『誰教那傢伙有錢、那個人天生長得好嘍、那傢伙就是很會打板球啊……所以對他們來說，成功輕而易舉。』這種心態很要不得。你這麼想的時候，有九成機率是錯的，但就算是真的，這種想法也會自毀前程，只會讓你忿忿不平，會腐蝕你，將所有摧毀殆盡，但就是摧毀不了你的酸葡萄心理。」

史蒂芬相信，最好的做法就是設身處地去想，想像別人的生活。

「這就是藝術的祕密，也是生活的祕密：你愈是花時間去想像當別人是怎麼一回事，就愈能對他們產生同理心，也就愈容易了解自己、做你自己。」

對我們所有人來說，這就是最好的。

Work your

BLOODY BOLLOCKS OFF

「拚上你的老屁股。」

Esther
PEREL

"The quality of your life ultimately depends on the quality of your relationships."

兩性關係治療師、作家　埃絲特・沛瑞爾

埃絲特・沛瑞爾的情慾智慧

或許這就是時代的終極寫照：我參加一場國際科技會議，來了好幾千名最尖端的網路公司創辦人，但每個人最想聽的是埃絲特・沛瑞爾（Esther Perel）的演講，她是世界最知名的兩性關係治療師，也是現代社會處理親密關係的大顧問。

埃絲特已經準備好要上場了，偏偏主辦方不讓她講。我們在大禮堂內，可是有五百多人沒位置坐，那些創辦人在階梯上席地而坐，貼壁而站，擠在出入口。由於違反消防條例，因此主辦方宣布：除非多出的五百人離場，否則埃絲特不會開講。

但沒有人想要錯過這場演講，現場僵持不下，最後是埃絲特答應晚一點再講給今天聽不到的人聽才落幕。事實上，她熱門到週末共排了四場演講，反觀優步（Uber）的創辦人才一場演講。

後來我到埃絲特目前的家鄉紐約跟她敘舊，問她覺得為何這麼多人想聽她所給的性愛與感情忠告，對此她解釋：

「現代人進入數位化生活，這世代的人一直對著螢幕敲敲打打，這樣的環境讓人的知覺變得麻木，導致我們需要矯正人與人之間的接觸、真實面對面的人際關係。但走出數位世界後，真人的不完美往往讓我們很難維持下去。」

深陷網路世界的人在面對真實人生時，偶爾需要拉一把，對此她並沒有批判或譴責的意思，只是有時難免擔心。

「數位世界能即時牽起人與人的關係，確實很美妙。但另一方面，任我們對著螢幕左右滑動的交友應用程式，會讓人感覺猶如拋棄式商品，被當成商品很傷，也不再把人當人看。」

埃絲特對兩性關係的見解一開始獲得國際好評，是在她出版著作《情慾解碼》（*Mating in Captivity*）時，書中探討「情慾智慧」，以及該怎麼在長期的感情關係中保持性愛的新鮮感。埃絲特開誠布公講到尋求伴侶時的潛在矛盾：我們既渴望自由，也需要安全感；愛情需要可以預期，慾望則渴求新鮮感。這本書坦然提出解決方法，後來也獲得拯救無數關係的好評。

撇開著作內容不談，最有意思的是一開始埃絲特想研究人類與感情關係的原因。「我對人與人性的興趣，還有人們的生活方式、他們是否創造出有意義的人生等，全要回溯到我那對身為大屠殺倖存者的父母。

「他們倆在集中營待了四年後，一無所有地回來了，最後只剩下自己，以及他們的正直與兩人的感情，這兩樣東西得以保存下來，我爸說這才是最重要的東西。」

她父親的智慧也反映在埃斯特給的忠告，可以說是我聽過最深刻也最棒的忠告之一：

「生命的品質最終要看的，還是人際關係是否有品質。最重要的不是你的豐功偉業，也不是你的聰明才智，更不是你的金銀財寶，而是你人際關係的品質。人際關係的品質會反映出你的正直、你為他人著想的能力、你的寬闊胸襟。走到生命最終一刻時，人們講到你，會說你是個很棒的人，而講到你的為人時，不會有人提及你的銀行裡有多少錢，真的不會。他們關心的是你怎麼對待身邊的人，以及你給他們的感覺。」

The

QUALITY

of your

LIFE

ultimately depends on the quality of your relationships.
Not on your achievements, not on how smart you are,
not on how rich you are, but on the quality of your relationships
which are basically a reflection of your sense of decency,
your ability to think of others, your generosity.

「生命的品質最終要看的，還是人際關係是否有品質。
最重要的不是你的豐功偉業，也不是你的聰明才智，
更不是你的金銀財寶，而是你的人際關係。
人際關係的品質會反映出你的正直、你為他人著想的能力、你的寬闊胸襟。」

Heston BLUMENTHAL

"Question everything ......
If you don't question things, there's no knowledge, no learning, no creativity,
no freedom of choice, no imagination."

英國天才型主廚　赫斯頓・布魯門索

進入赫斯頓・布魯門索的世界

情況不妙，現在比數是十比一，進入赫斯頓・布魯門索（Heston Blumenthal）的決勝點。沒想到這名米其林三星主廚兼全球最佳餐廳老闆（這是眾多世界名廚票選的結果），居然對桌球也很有一手。我要為自己平反，這是因為開打前他灌了我幾杯顏色詭異的調酒，而且他跟我坦承一週會去上三次桌球課。至少羞辱很快就結束：他發出最後一球，我們都很清楚結局會是如何，然後我回到長椅上休息，喝下另一杯雞尾酒自我安慰。

拜訪赫斯頓的家，就好比英國中產階級去造訪亨特・斯托克頓・湯普森[4]（Hunter S. Thompson）：烈酒下肚，雪茄抽了，深度交談也結束，雖然赫斯頓沒有手槍可以射擊，但他有一台桌球發球機，每分鐘能射出一百顆球。我們開機，機器連續發擊出猶如冰雹的小混球，在專門拿來打桌球的地下室裡，乒乒乓乓射向每處牆壁和表面。

我跟赫斯頓認識好一陣子了，他的大腦就像那台桌球機，每分鐘都能丟出一百個點子。他的好奇心、創意和對學習的渴求，在我認識的人之中無人能及。我們第一次見面是在公司會議，我觀看他讓三百名聽眾捏著鼻子吃蘋果，講解真正的味道來源是嗅覺，不是味覺。他活出感官經驗，真正呼吸著感官經驗，為了說明這個論點，我們回到他的廚房，然後他教我怎麼抽雪茄，才能完整體會到雪茄的不同風味。方法就是不斷在脣間吸點燃的雪茄，發出一聲明顯的「咻」，訣竅在於「煙不能吸進嘴巴，不可以穿過齒列間」。在赫斯頓的生活中，食物不僅是主角，也是他用來解釋人類存在意義的方式。食物不但形塑我們的作為、我們的身分，更訴說我們的存在。

「我們的演進都不脫『吃』，還有跟吃有關的事……人類發現火之後就不再只吃生澱粉，我們的下消化道開始縮短，頸部和喉頭變長，隨著時間推進，我們變得可以說話，擁有溝通能力的話，就可以散播想法，打造想像力，而有了想像力，什麼都變得可能。」

結合食物和人類想像力就是他的金字招牌，沒人比他更能把原創性的想法帶入廚房。他在餐飲界首次獲得廣大矚目，是因為他的肥鴨餐廳（The Fat Duck）把螃蟹冰淇淋加入菜單——如今在他創造的食物奇幻世界裡，這道菜可以說稀鬆平常。在那之後，他還打造出可以吃的酒吧，製作出可以讓人聽見音樂的食物和飄浮在半空中的巧克力。

他說他對食物的興趣，在一場午餐中從零衝到頂點：他還是青少年時，父親獲得公司紅利，於是帶家人去一間法國的米其林三星餐廳用餐慶祝。除了食物和食物的味道以外，餐廳庭院撲鼻而來的濃郁薰衣草香氣、餐巾布的觸感、腳下清脆的碎石、蟋蟀的鳴叫及玻璃酒杯碰撞的聲響，這一切的總和，「讓我覺得好像掉入仙境裡的兔子洞，找到驚奇的事物，我當下就知道我想成為一名廚師。」

研究冰淇淋則勾起他的想像力和好奇心。他發現一份一八七〇年的帕瑪森乳酪冰淇淋食譜，「我心想：『太奇怪了吧！』但接著開始質疑為何奇怪，誰說冰淇淋一定要是甜的？我一提出這個問題，就開始質疑所有事物。我發現那條繩索後，便不斷拉扯那條繩。」

也就是說，一般主廚都在觀察其他餐廳和菜單，從中尋求靈感時，赫斯頓已經在探索生物學、化學、歷史和地理學領域，並與長壽飲食法的教授、心理學家和分子科學家聯手研究。今年英國皇家化學學會（Royal Society of Chemists）公開一份全球一百七十五名最具影響力的科學家和化學家名單，囊括古今名人，愛因斯坦名列其中，赫斯頓也是，足以證明他探究的程度有多深。

他帶我看他創作的徽章，目前已經將徽章裱框起來掛在廚房牆上。他說因為他想加入所有個人的象徵元素，所以總共花了七年時間設計。徽章裡有根薰衣草枝，象徵他第一次造訪那間餐廳時的嗅覺經驗；一雙手則象徵他的個人創作；一朵都鐸玫瑰代表他廚藝的歷史元素；一只放大鏡指出探索與求知的重要；一顆蘋果表示牛頓的發現和非線性思考。最生動的就是，他以斜體字刻寫的個人座右銘，解釋了他的態度和創意，以及他提供的最佳人生忠告：**「無所不疑。」**

他對我深入解釋道：**「無所不疑的相反就是什麼都不去質疑，不去質疑就不會得到知識，學不到東西，不會有創意，不會有選擇的自由，也不會有想像力。所以我一直在問為什麼，還有為何不可。我會提出一個問題，接著不斷追問，然後聆聽，我就是這麼挖掘新事物的。」**

接著他丟出一個問題做結論，也是我最怕聽到的問題：「還想再來一局桌球嗎？」

4．亨特・斯托克頓・湯普森（Hunter S. Thompson，一九三七至二〇〇五），美國著名記者及作家，是「剛左新聞」（Gonzo Journalism）報導形式的代表人物，此類描寫手法多添加個人主觀意見，有別於客觀的新聞陳述。

Question everything ... if you don't

QUESTION

things, there's

NO

knowledge, no learning, no creativity,
no freedom of choice,
no imagination.

「無所不疑……假如不去質疑就不會得到知識，
學不到東西，不會有創意，不會有選擇的自由，
也不會有想像力。」

Annie LENNOX

"There will be "Ah ha!" moments in life when a light might go on, when you think to yourself, "I MUST do that" – whatever it is."

葛萊美獎流行歌手　安妮・藍妮克絲

雙聲道的安妮・藍妮克絲

安妮・藍妮克絲（Annie Lennox）擁有兩個聲音：第一個是專輯銷售逾八千萬張的歌聲，讓她贏得五座葛萊美獎、一座奧斯卡金像獎，和得獎數量沒有其他女歌手能超越的全英音樂獎；第二個聲音則是為非洲女性權利和愛滋病喉舌的呼聲，這個高聲疾呼的聲音，正是她近年來的舞台焦點。

安妮還記得她的歌聲從藝術界轉音到行動主義的那一刻，就是她參加尼爾森・曼德拉（Nelson Mandela）基金會，在南非發起的「四六六六四」對抗愛滋音樂會之後。南非是全世界愛滋病感染最猖獗的國家，她親耳聽見曼德拉描述愛滋病疫情就像「一場戴著女人面具的沉默種族滅絕」，解釋南非每三名孕婦中，就有一位是愛滋病帶原者，而且愛滋病在當時（現在也還是）是全球育齡女性的頭號死因。後來有次她參訪一間小鎮醫院，親眼目睹愛滋病帶來的影響，在診所、反性暴力中心、孤兒院和平民百姓的家裡無所不在。對安妮來說，這是一種黑暗的頓悟。從那刻起，她的人生就繞著愛滋悲劇打轉。

結果就是為了解決愛滋問題，超過十載馬不停蹄的忙碌奔波──南非大主教迪思蒙・杜圖（Archbishop Desmond Tutu）說，她的貢獻「大幅改善本國的愛滋流行疾病」。二〇〇七年，她創立了一個名叫「為愛高唱」（SING）的愛滋運動，喚起全球關注愛滋病問題，採取行動，確保罹患愛滋病的女性與兒童能獲得所需的治療和照顧。安妮繞過整個地球，一有機會就會為了募款演唱、演講、報告，接受電台、電視與平面媒體訪問，並參與會議與集會，到政府機關，推廣個人信念。她也成為「圈圈」（The Circle）的創辦人，該組織的目標是要鼓舞女性，創造彼此之間的連結互助，以培養其技能、創意和影響力，改變世界各地的弱勢年輕女孩與婦女所遭遇的困難與不公正。

撒哈拉以南，非洲塵土飛揚的平原，與她成長的英國亞伯丁（Aberdeen）工人階級廉價公寓街區，相隔千里之遙。安妮來自一個熱愛音樂的窮困家庭，她在學校學鋼琴和長笛，而她的音樂教育讓她在十七歲那年進入倫敦的英國皇家音樂學院（Royal Academy of Music），「這成了帶我離開那個環境的護照。」

但接下來的日子並不好過。「我身無分文，也沒有認識的人，住在各種起居室兼臥室的房間，為了溫飽什麼都肯做，但即使前途黯淡無光，我還是不願回到蘇格蘭，覺得自己終究一敗塗地。」

而一直以來，支持她走下去的就是歌唱。「我一直唱，一直唱，在街上走路時，在淋浴時，無時無刻不在唱歌，都只有自己一個人。英國皇家音樂學院的三年邁入尾聲時，我知道我想成為歌手／詞曲創作人，於是用一架維多利亞時期的老舊風琴寫歌。我從十二歲就開始寫詩了，有很多想說的故事。」

可是即便她再怎麼努力與練習，再怎麼熱血，還是缺乏一樣成功要素：機緣巧合。最後多虧倫敦的肯頓市集（Camden Market），機遇來了，安妮在那裡跟朋友合租一個攤位賣二手服飾，她就是在那時碰到一位賣唱片的傢伙，他告訴安妮：「妳應該見見我朋友戴夫。」安妮說，打從一開始她就跟戴夫・史都華（Dave Stewart）共同創作，不到幾年，兩人就以舞韻合唱團（Eurythmics）的身分，主宰大西洋兩岸的金曲排行榜。

她的人生故事講的就是一個追尋自我熱情的女人，無論她的熱情將她帶往何處，先是亞伯丁的廉價公寓，中間短暫停留美國的葛萊美獎典禮，最後來到非洲小鎮，而她的忠告也完美符合她的故事。

「當一道光劃了過去，讓你心想：『我非做不可』時，不管那是什麼，這就是你人生出現『就是它！』的時刻。而你之所以想做，並不是誰告訴你應該去做，而是因為你覺得自己非做不可，要是不去做，整個世界似乎就不對勁。如果你發現那道光，就正視它，尋覓其他志同道合的人共同耕耘，找出你人生中更深層的目的。」

雙聲道持續著，聽在耳裡真動聽。

There will be

"AH HA!"

moments in life when a light might go on,
when you think to yourself,

"I MUST DO THAT"

– whatever it is.

「當一道光劃了過去，
讓你心想：『我非做不可』時，不管那是什麼，
這就是你人生出現『就是它！』的時刻。」

Simon

COWELL

"My best advice is listen, listen rather than talk."

「英國達人秀」節目評審　賽門・高威爾

與賽門・高威爾共度假期

我人正坐在倫敦帕拉迪恩劇院（London Palladium）的正廳前座區，觀賞四名打扮光鮮亮麗的人在台上爭辯，他們頭頂上方掛著一大面由後方打燈的英國米字旗，光燦奪目地寫著「英國達人秀」（Britain's Got Talent）。而國旗底下坐著的男人：賽門・高威爾（Simon Cowell），無疑最有資格證實英國確實有達人。

在評審脣槍舌劍的錄影結束後，我被帶到後台去見主角。他坐在室內正中央，身旁圍繞著手忙腳亂、一身黑衣的助理、攝影師和製作人：賽門就像冷靜的風眼，端坐在自家媒體的風暴中央。

我早有耳聞他廢話不多說的名聲，這還是客氣的說法。我也從他的媒體總監得知他向來長話短說，所以我有點擔心，準備好跟他進行簡短扼要的對話。但情況正好相反，說出來難為情，雖然我是個四十三歲的異性戀男性，但和他交談的一個小時，卻讓我無可救藥地完全愛上賽門・高威爾。

賽門先要我坐下，確定我放輕鬆了，就遞給我一杯他自製的新鮮薑茶。沒想到薑茶實在太嗆，我開始猛咳嗽，不可控制地淚眼汪汪。賽門很擔心，詢問我是否沒事，等到他開心地知道我恢復了，接下來十分鐘就問一些有關我的事，像是我的事業和故事。他說話聲音輕柔，溫和探問，仔細聆聽，關心我的時間多於我們的正式訪談。

最後，他總算讓我轉移話題，話鋒從我身上轉向他。他的舉止溫暖和善又迷人，聲音是如此撫慰人心，讓我完全放鬆。一股暖流湧上我心頭，彷彿我正在度假，陽光和煦。他常動不動帶到我的名字，偶爾來一句讚美，讓我感覺好像他真的很喜歡我，我開始想像我們可以變成死黨，甚至一起去度假。

我立刻制止自己，這太荒唐了，我一個大叔怎麼表現得像青少年，專心一點。於是我把大叔的迷戀和白日夢擺一旁，將注意力轉回他正在說的話。他的話語絕對值得一聽：飽含豐富的務實智慧與見解、故事與小趣聞。我說他的團隊非常認真，也很專業，讓我覺得很優秀。賽門解釋他是怎麼學會讓別人發揮潛能：「理查，我爸告訴我，每個人頭上都有個看不見的牌子，寫著一句話：讓我感覺我很重要。記住這點，你就會很好。」

講到他的點子從何而來時，他迷人、自謙的率直，讓我更喜歡這個人。「理查，有天晚上我在自己家裡廚房一邊煮晚餐，一邊看無聊的電視節目，然後自言自語：『看一隻狗跳舞，也強過這個。』幾秒後我心想：『說真的，我還真的寧可看狗跳舞，也不要看這個。』《英國達人秀》的點子就是這麼誕生的。」

我看得出他的助理們在一旁流連不去，但我不希望陽光假期這麼早結束，於是使用拖延戰術，繼續發問。他在音樂圈的地位崇高，所以我想知道他對想當歌手的後起之秀有何忠告？「最重要的就是要有一首受歡迎的歌曲，參加小型表演，仔細聽群眾的反應，找出適合自己的表演模式。」最終不可避免要被送回家的人，該怎麼面對結局？「聆聽別人給的意見，或許能讓你學到東西，但要是跟你說『不』的人比你還笨，不要氣餒。」要是跟賽門·高威爾試鏡或毛遂自薦該怎麼做？「如果你聽到『過關』，就別再囉唆。好幾次在我說過關後，藝人就開始得意忘形：『我早就知道我會過關，我們會合作愉快的。』對方說得愈多，我心裡就愈想：『我受夠你了。』好一點的只會說：『好，打給我律師。』然後便離場，這等自信能讓我在十秒內就跑去找我的律師。」

如果可以，我繼續問一整晚都沒問題，無奈我曉得假期總有結束的時候。他的節目被一百八十幾個國家買下版權，製作當地版本，所以賽門長夜漫漫，還有許多等著他回應的問題，許多等著他看的試鏡選拔，許多需要感覺自己重要的人。

於是，我請他提供一則最重要的忠告劃下句點。

「我最好的忠告就是聆聽，不要開口，聆聽就對了。我從來就不是聰明的學生，但我很擅長聆聽，現在依然沒變。因為這點，我的人生過得還不錯。遇見人時，我會好奇他們的故事，他們是怎麼辦到自己在做的事。人生路上會遇見比你更聰明的人，他們會教你還不知道的事，於是我聽他們說，帶走珍貴的小故事，然後離開……」

就這樣最後手一揮，致上「滿滿的愛」後，賽門就被忠實的團隊匆匆帶走了。很遺憾，我跟才華洋溢的高威爾先生的浪漫假期結束了。我很好奇，他會寫信給我嗎？

If you get a

"YES"

then

SHUT UP

There are times
I've said yes and the artist starts with
"I knew it, we're going to do amazing things together"
and the more they talk the more I'm thinking,
"I'm really going off you"

「如果你聽到『過關』，就別再囉唆。
好幾次在我說過關後，藝人就開始得意忘形：
『我早就知道我會過關，我們會合作愉快的。』
對方說得愈多，我心裡就愈想：
『我受夠你了。』」

Shami

CHAKRABARTI

"But solidarity,
the basic human connection we can all have with one another,
is stronger."

前人權團體「自由」執行長　珊米・查克拉巴提

珊米・查克拉巴提：團結力量大

我正在和《太陽報》說的「全英最危險女人」喝咖啡。珊米・查克拉巴提（Shami Chakrabarti）是人權遊說團體「自由」（Liberty）的前執行長，九一一事件後，因為她高調捍衛公民自由權，或者就《太陽報》的看法，為了好處去討好恐怖分子和罪犯，而被冠上這個輝煌頭銜。

珊米很樂意接下這個稱號，「很光榮，比英國女王頒發的官佐勳章還好。」命運的轉折很奇妙，幾年後，珊米居然協助當初寫這篇文章的記者。這名記者因為稱一名禁止抽菸者領養小孩的保守黨議員「納粹」，而遭電台節目開除。他辯稱自己享有人權法案下的言論自由權，而那正是他之前執意攻擊的。但珊米保護所有人應享的人權，於是也支持他，這情況說明了珊米再清楚不過的矛盾：「我們都喜歡享有個人人權，唯獨面對其他人的人權才有問題。」

遺憾的是，被冠上「危險」，還是珊米工作上遇過最微不足道的攻擊：不斷遭遇種族歧視、排斥女性和個人毀謗，都是無可避免的事。但她沒有怨言：「在世界其他角落，人權運動分子還會遭受肢體攻擊，甚至更慘，所以如果我必須面對報紙或社交媒體的難聽話，儘管放馬過來。」

她之所以遇到如此濃烈的恨意，部分肇因於她的工作環境。珊米在「自由」服務的那段日子，受到九一一攻擊與全世界對此事件反應的影響。「我九月十日開始到『自由』服務，第一天上班，有人要我跳出舊思考框架，想一想我們的優先順序為何。結果隔天就發生九一一事件，再也跳不出窠臼。」她的身分要求她在全世界突然集體漠視人權基本原則時，挺身而出捍衛。「國家做了可惡至極的事，不只對人權，對我們的維安也是：非常規引渡[5]（extraordinary rendition）、在沒有審訊的情況下無限期拘留。所以我得說出沒人想說以及很多人都不想聽的話。」接踵而來的，就是當局和新聞界的蔑視。

無論她的主張讓她變得多不受歡迎，她從未退卻。若真要說，她還挺享受這場戰爭，挑戰政府提出的新法令，要法律制度負責任。我問她的堅忍不拔是哪裡來的，讓她可以逆風而行，挑戰政府。珊米把這點歸功於幾件事，但最主要的還是她的父母。「我的父母是移民，他們搬來英國前，在印度讀過大學，他們從小就教我，要相信我可以成就任何事。我小時候在當地的綜合學校接受教育，也知道伊頓公學的男孩很優越，與眾不同，但我從不認為他們比我好。」

她有一個濃縮以上想法的個人座右銘：「人人生而平等，沒有人特別優秀。」就是這個原則指引她的人生與工作態度。「如果你想跟世上其他人和睦相處，這種想法不失為一個好方法。」

珊米說，想打造人人平等的社會還言之過早，她很絕望愈來愈多人講到難民時，態度鄙夷。「『難民』對我來說，是世上最高尚的一個名詞。我在一九七〇年代長大，當時的人都很喜歡難民，因為他們來自俄羅斯，渴望逃離恐怖的蘇維埃集團，來這裡追求更好的生活。但如今我們卻把難民視為『他者』、『不如人』，當成一種問題來源。」更糟的是，她發現女性遭遇到世界最不平等的待遇。「隨著年紀增長，看到更多事情後，我認為性別的不公正是世界最嚴重的人權問題，這其實就跟種族隔離沒兩樣，差別在於這不是一個國家的問題，而是千禧世代的全球問題，真的很瘋狂。」

對付這類不平等的議題與捍衛基本人權，她的答案只有兩個字，那就是：團結。

「世界上有權有勢的菁英分子都是利用恐懼和種族歧視當工具，靠分而治之成功。但團結的力量，也就是人與人之間擁有的基本連結，卻更為強大。團結是改變的神奇武器，就算我們長得不同，但要是能記得你的人權就跟我的如出一轍，要是能做到彼此扶持，我們都會是贏家，會變得更強壯，最後成為彼此的安全依歸。」

5・非常規引渡，指由政府授意，將人綁架，從一國法外轉移至另一國。

But solidarity,
the basic

HUMAN

connection
we can all have
with one

ANOTHER

is stronger.

「但團結的力量，也就是人與人之間擁有的基本連結，卻更為強大。」

Ari

EMANUEL

"Be curious, show up, stay in touch."

WME經紀公司創辦人　阿里・埃曼紐

真實生活的阿里·埃曼紐

奧斯卡獎那週，好萊塢超級經紀人阿里·埃曼紐（Ari Emanuel）——電視劇《我家也有大明星》（Entourage）裡的阿里·高德（Ari Gold）的靈感原型——應接不暇，忙到連私人助理都要聘請助理。這個助理真是太神奇了，居然能在好萊塢最忙的時期，幫我跟好萊塢最有勢力的男人擠出時間牽上線，只不過連一秒都損失不得。

我從酒會現場被拖走，往他的辦公室快步移動，只差沒跑起來。會議正要結束，我們的機會來了。我被領進去時，還有兩個人正被請出辦公室——我們稍微在門口耽擱了。辦公室內，阿里站在與胸口同高的辦公桌前，桌子則安置在一台跑步機上，讓他能邊工作邊跑步。這時他抬頭看向我，然後問他助理：「喂，這傢伙是哪位？」仔細想想，這問題其實也挺合理的。我跟阿里的對話就這麼展開。

如果以上敘述讓他聽起來很失禮，其實是誤會一場。他專注，這是絕對的；直接，沒話講；但失禮，絕不。只是剛好「這週太鳥了，碰到奧斯卡獎，每個人都進城，忙不完啊。」他說話的方式簡潔，連珠砲似的，富含蛋白質，無糖，暗物質的磁力彷彿從他的體內放射而出。阿里無疑是辦公室的重力中心，一句「喂」就直接射中我。

阿里想知道我為何打算把他寫進書裡，我解釋，這本書的內容就是訪問各界頂尖好手，而他正好是世界上最強大、最成功的經紀人。他仔細聽我的回答，用十億分之一秒思考後說：「沒錯，我確實是。」過了半晌又說：「管他，反正在這業界謙虛也賺不了錢。」

那麼在這業界，怎樣才能賺到錢？他登峰造極的祕訣是什麼？

「我思考過這問題，對於成功的忠告，我有三個保持：保持好奇、保持能見度、保持聯絡。你得不斷閱讀、聆聽、說話、思考、挖掘別人的想法、知道別人在做什麼，然後追蹤可能有戲唱的事物。」

他回想一篇十年前讀到的文章，文章裡講到一項他當時聽起來覺得有意思的嶄新科技，也就是我們現在知道的「虛擬實境」。於是他打電話給文章裡提到的傢伙，約他出來吃午餐、問他問題。阿里跟這人保持聯繫，偶爾寄封電郵、分享文章。然後某個週五夜，這傢伙打電話給他，說他正要去見一個奇才小子，他很興奮，問阿里想不想跟。「當時已經晚上十點，週五夜耶，我躺在床上，那個星期很鳥，我埋頭苦幹，希望能做出點成績。可是我心一橫，想：好吧，去他的。然後爬下床，把褲子穿回去，開了一小時的車去見這個小子，這是我這輩子做過最對的決定，我超愛這小子，於是決定幫他，後來他的公司也飛黃騰達。」

我跟他說，要是你已經成功，名聲已經打響，要做到保持好奇、保持能見度、保持聯絡並不難，我比較想知道他沒沒無聞時，當初是怎麼開始的。「基本上，我一開始就是去拜見經紀界大老。當時我是個無名小卒，就是他們屁股上的一顆青春痘，但我持續聯絡他們，登門造訪，直到最後他們讓我進門為止。」

我跟他說，要臉皮夠厚才能在吃閉門羹後繼續下去，他承認確實如此。意外的是，他說小時候嚴重的識字困難症幫了他一個忙。

「因為識字困難，所以總是挫敗，沒有輕鬆簡單的事，也因此就不再害怕失敗，習慣丟臉。吃閉門羹又怎樣，誰在乎？他們說不，有啥了不起嗎？繼續拜訪到他們說好為止啊。」

他還告訴我，識字困難也能教你其他事，讓你擁有更高的情商指數：「你也許無法讀書，但可以很會讀人。」識字困難更教你怎麼團隊合作，「畢竟你有識字困難，光憑自己辦不了很多事，需要別人幫忙。」諷刺的是，這個產業往往自顧自的，但阿里卻是以彼此照顧出名，他的員工因此絕對忠實，他對團隊也是。舉個例子來說，他有個同事告訴我，今年稍早發生巴黎恐怖攻擊意外時，阿里一聽到消息，就立刻搭飛機，事發二十四小時內就趕到巴黎，確定他法國的團隊人員沒事。

好奇心，絕不妥協，團隊合作，這些都是他成功的祕訣。

他忠實團隊的其中一員，這時向我點了點頭。時間到了。他們領我出門時，我回頭看了一眼，最後一眼看到的是阿里回到桌前，繼續踩跑步機。多虧他撥一點時間給我，現在的他更忙了。

I've thought about this,
and my advice for success comes down to three things:

BE CURIOUS
SHOW UP
STAY IN TOUCH

You have to keep reading, listening, talking, thinking,
finding out how people think, what they do.
And chase down anything that seems interesting.

「我思考過這問題，對於成功的忠告，
我有三個保持：保持好奇、保持能見度、保持聯絡。
你得不斷閱讀、聆聽、說話、思考、挖掘別人的想法、知道別人在做什麼，
然後追蹤可能有戲唱的事物。」

Martha Lane
FOX

*"Be bold. If you're bold you might right royally screw up,
but you can also achieve much more,
so be bold."*

Lastminute.com 創辦人瑪莎・蘭妮・福克斯

神仙教母二・〇版：瑪莎・蘭妮・福克斯

我在倫敦一間時髦的數位公司辦公室，等著見網路界的第一夫人：瑪莎・蘭妮・福克斯女爵（Baroness Martha Lane Fox）。這間公司到處都是穿著諷刺圖文T恤的人，頂著時尚的髮型，還有能讓人一眼看穿耳垂的耳洞。瑪莎坐在公共咖啡吧，穿著一襲亮眼幹練的粉藍色褲裝，煞是反主流文化。全倫敦的時髦人士對數位世界的了解加起來都不如她多，瑪莎壓根不必穿上破上衣，也不必在身上穿洞來證明自己。

我們閒話家常時，我發現瑪莎有件很了不得的事讓我最欣賞。不是她身為lastminute.com共同創辦人——這家定義數位經濟時代的新創公司，後來以天價售出；也不是她接受任命成為上議院最年輕的女性議員，雖然這件事真的很不得了；更不是她曾出過一場險些喪命的車禍，讓她在醫院病床躺了兩年，重新接好粉碎的身軀；不是她現在正經營慈善團體Doteveryone，要讓英國成為全世界數位化最先進的國家。雖然這一切都很驚人，但最能讓人認識這名奇女子的小事是她的教子數量：總共十九個，比黛安娜王妃多出兩個。

跟她碰面後，就不難看出原因。她生氣勃勃，帶給人希望、潛力與樂觀的感受，「我喜歡培養打造事物，我喜歡點子，我喜歡你怎樣都可以給予他人力量，改善制度，讓事情更好。」那她的中心哲學是什麼？「我希望這樣講聽起來不會太蠢，但要是你先以寬以待人，而不要心胸狹窄，就會感覺自己是好人。」當她的教子太幸運了。

諷刺的是，她並非每次都接收到人性的善良面。她的朋友兼共同創辦人布倫特・霍伯曼（Brent Hoberman）籌資創辦 lastminute.com 卻遇到股價崩盤時，瑪莎接到超過兩千封謾罵郵件，「其中不乏死亡威脅，還有人罵我是賤人婊子。」商業記者也在新聞報刊寫道，他們真希望能拿把槍解決她，或說「她應該套上布卡[6]，好好待在盒子裡別出來」，完全看不到寬以待人的胸襟。很明顯地，所有的尖刻酸語全針對她，沒人謾罵她的男性共同創辦人。

lastminute.com 的故事猶如一顆時空膠囊，反映了一九九〇年代末的網際網路，該網站引領時代潮流，Google 還沒出現就有他們了。網站原名為 LastMinuteNetwork.com，但他們認為刪去 Network 這個字會更酷。由於風險資本家說，根本不會有人願意在網站輸入個人信用卡資料，網路購物不會有前途，因此他們很難募集到資金。現在看來不免覺得天真可笑，但瑪莎說當時的網路世界很不同，「當時還很新，充滿刺激，真的感覺得出整個世界就要變了，我們也沒料想到亞馬遜、Google 和臉書等龍頭會聲勢暴漲，宰制網路世界。」

她認為網路的基本力量就是協助人們改變事物，這就是她創辦 Doteveryone 背後的主要推動力。該組織的任務是促使網路大眾化，確實讓每個人都能認識網路。她動員了政府、公司、學校和社區，就是要確定每個人都有上網的技能，並且不是只能用主宰壟斷的方式上網：「我絕沒有對臉書不敬的意思，但網路不只有臉書，如果你知道怎麼使用網路，就可以獲取各種意見、情報資訊和工具，幫助我們改變事物。」

正是這種希望讓自己和他人進步，以及看見網路世界與現實世界無窮可能的精神，驅策瑪莎前進，而這也反映在她給我們的忠告裡：

「要膽大妄為。如果你大膽，最後可能會有尊嚴地搞砸，但你能達成的事會比搞砸的還多，所以就大膽去做吧。你最可能丟的就是名譽，可是名譽並不重要，重要的是去爭取看似不

可能、某些程度來看瘋癲的事。所以無論你做什麼，大膽去做。就算是在客服櫃台服務，也可以問問自己，我要怎麼變得大膽？找出大膽的微小時刻，因為這種機會俯拾即是。」

6・步卡（burka），伊斯蘭女性從頭包裹至腳的傳統罩袍。

Be bold. If you're

BOLD

you might right royally

SCREW UP

but you can also achieve much more, so be bold.
You've only got your own reputation to
lose and that's not important.
It's much better to strive for something that seems impossible,
that's quite nuts on some level.
So be bold, whatever it is.
Even if you work on a customer help desk somewhere,
ask yourself how can I be bold?
Find those small moments of
boldness because they are everywhere.

「要膽大妄為。如果你大膽，最後可能會有尊嚴地搞砸，
但你能達成的事會比搞砸的還多，所以就大膽去做吧。
你最可能丟的就是名譽，可是名譽並不重要，
重要的是去爭取看似不可能、某些程度來看瘋癲的事。
所以無論你做什麼，大膽去做。
就算是在客服櫃台服務，也可以問問自己，我要怎麼變得大膽？
找出大膽的微小時刻，因為這種機會俯拾即是。」

Harry
BELAFONTE

*"Discover the joy of embracing diversity.
When people become more open to the strange, to the unusual, to the radical, to the "other",
we become more nourished as a species."*

葛萊美獎歌手　哈利・貝拉方提

哈利・貝拉方提：馬丁・路德・金恩的密友

我正與八十九歲的哈利・貝拉方提（Harry Belafonte）聊美國政治，他是葛萊美音樂獎獲獎歌手、美國民權運動大老，以及馬丁・路德・金恩（Martin Luther King）的知己。這場對話可不隨便，他能言善道，充滿智慧和生命力，而驅動他生命力的雙引擎，則是他對社會不公的憤慨，以及對美國美好一面不變的愛。

我們講到共和黨初選，我們在紐約時，選舉正鬧得滿城風雨。唐納・川普（Donald Trump）被打入冷宮，「這號人物無知高傲，不需要在他身上浪費時間。」但他說，更值得深思的是，贊成川普充滿恨意訊息的人並不在少數，看在哈利眼中，等於宣告美國夢墮落到底。

相反地，哈利認為巴拉克・歐巴馬（Barack Obama）是美國最才氣縱橫的一任總統，但他在這八年遭逢的敵意卻沒有過去任何一屆美國總統可及。哈利說：「追根究柢，就是因為他的膚色。」

這兩大現象——川普的受歡迎程度和歐巴馬遭逢的敵意——支持了他的主張，那就是在現代美國社會，甚至在全世界，種族歧視和不平等依舊存在，並且猖獗氾濫。只要這情況不改善，哈利也不打算停下腳步。他的工作不只有對抗非洲愛滋、在核時代和平基金會（Nuclear Age Peace Foundation）服務，甚至教育美國學生非暴力抗議的重要性。

哈利．貝拉方提並非出生在社會運動或明星世家，而是在哈林區長大，父母都是工人階級。他的人生會走到聚光燈下是一段突如其來的因緣，當時他在紐約當看門人的助手，有位大樓住戶沒有現金付小費，於是給他兩張美國黑人戲院（American Negro Theater）的入場票。觀賞戲劇時，哈利心底燃起對這種藝術形式的喜愛，當下就決定要成為演員。他報名了表演課程，為了付學費，晚上開始到一家紐約爵士俱樂部駐唱。沒想到在俱樂部的演唱很成功，讓他有機會展開流行樂生涯，一曲〈香蕉船之歌〉（Banana Boat Song [Day-O]）讓加勒比音樂大受歡迎，後來發行了好幾張不同曲風的唱片也都熱賣，更在戲劇界成功打下江山。從各方面來看，收到那兩張免費門票其實還不錯。

跟許多傑出人士一樣，他也說自己的人生是由誰都無法掌控的機緣巧合拼湊打造的，他建議我們應該好好利用。「我生命中最大的助力就是巧合，以及開放接受任何我遇見的人給予及要求的事。正是因為如此，我才為人生打開一扇通往挑戰和快樂的大門，要是我沒這麼做，就不會有這些機會。」他也把這點總結在他其中一個重要的人生哲學：「只要回應敲門聲，一定會有收穫。」

後來的聲望更是因為他回應了某幾回敲門聲，包括其中一次最重要的敲門。一位名為馬丁．路德．金恩的年輕牧師，尋求哈利到他的活動幫忙。他回憶與馬丁．路德．金恩第一次的會面：「金恩博士打給我，希望我幫忙他的任務。就這樣，我參與了改變美國政治氣候與全球黑人命運的社會運動。」他成為金恩博士的良師益友和提供者，支持金恩博士的家人，在金恩遭捕時保釋他出獄，出資協助「自由之旅[7]」（Freedom Rides）抗議，組織華盛頓遊行，此後他高舉民權運動和社會不公的火炬就不曾放下，「這些傢伙讓我兩手不得閒。」

在他堅守支持、抗爭，見證朋友為了信念而死之後，他最重要的忠告便很有道理：

「發掘出擁抱差異所帶來的快樂。如果人們以更開放的心面對異己、特殊極端的人物和『他者』，人類就更能得到滋養的力量。我們現在因為遭到操弄而無能為力，差異被當作邪惡源頭，而不是快樂與發展的泉源。我們必須從人類集體的差異中看見快樂，而非恐懼，從中重新獲益。」

這是我聽過最重要的忠告。

7・「自由之旅」（Freedom Rides），一九六一年，民權運動人士搭乘州際公車到美國南方，抗議種族隔離的示威運動。

DISCOVER

the joy of embracing diversity.
When people become more open to the strange,
to the unusual, to the radical, to the "other",
we become more nourished as a species.
Currently our ability to do that is being manipulated,
diversity is being looked upon as a source of evil
rather than as a source of joy and development.
We must recapture the profound benefits of seeing the

JOY

in our collective diversity, not the

FEAR

「發掘出擁抱差異所帶來的快樂。
如果人們以更開放的心面對異己、特殊極端的人物和『他者』，
人類就更能得到滋養的力量。
我們現在因為遭到操弄而無能為力，
差異被當作邪惡源頭，而不是快樂與發展的泉源。
我們必須從人類集體的差異中看見快樂，而非恐懼，從中重新獲益。」

Sandi

TOKSVIG

"Get off your arse and do something."

作家、演員　珊蒂・托克思維格

正經搞笑的珊蒂・托克思維格

我正要進入蘇活區（Soho）一間夜店，黃銅大門把上繫著一面彩虹旗，裡面正要舉辦一場呼籲團結的表演，悼念十二小時前在美國奧蘭多（Orlando）同志夜店發生的屠殺血案。

這場慘案讓所有人震驚不已，更與珊蒂・托克思維格（Sandi Toksvig）個人休戚相關。珊蒂是備受愛戴的作家、女演員、製作人和搞笑藝人，她是英國一九九〇年代首位公開女同志身分的女性，飽受極端的同志恐懼症所苦。

「我有收過死亡威脅，還遇過跟蹤狂和精神病患，但眾目睽睽下你不用害怕，因為對任何人來說，盲目的怨恨才可怕。」

以她的情況來說，最嚴重的敵意，是針對珊蒂和伴侶擁有三個孩子（多謝一位願意捐贈精子的友人）一事。《每日郵報》（*Daily Mail*）的頭條寫道：「上帝若願讓女同志養育孩子，不會等到現在。」宗教右派分子也寫道，他們要替天行道殺了她。

「恐怕是上帝忙不過來，需要他們接下這重責大任吧。」她說幸好這些年來情況有好轉：「大家對我都不錯，走在路上常有人跑來抱我，我也不知道為什麼，可能是因為我個子小吧。」

這就是珊蒂獨特的地方：既可以搞笑，也可以很正經。她喜歡喜劇——「喜劇很好啊，可以讓人忘卻房貸和婚姻問題，只要走進來大笑就好」——但她對喜劇的愛好不只是提供大家娛樂，還有一個更嚴肅的動機：「我不追逐名氣，不求金錢，我不在乎這些東西，也完全沒有宗教信仰，但確實有一股動力推著我去做出改變。我只能活一次，所以想要活得有意義。」

近日珊蒂展現這個信念，共同創辦了英國一個最新政黨：女性平等黨（Women's Equality Party）。該組織有個明確目標，就是在教育、職場、社會福利、文化與各個社會層面上落實性別平等。

珊蒂說，這個構想最初是在一場女權慶典的舞台上誕生的，而一旦他們有了這個想法，她就無法置之不理。「你得動動屁股，起而行，不是嗎？我才不會躺在墳墓裡心想，當初怎麼沒試看看。」

關於這點，不用擔心。該黨已經有超過兩萬名成員，並派出兩名候選人參選近期的倫敦市長，下一次大選還會推出代表參加。

這讓我想到更實際的問題：身為代表、作家、演員，她要怎麼在這些角色中取得平衡？珊蒂的回答同樣實際：

「我很努力工作，也起得很早。有人問我是怎麼完成這些工作的？答案就是你需要投資很多時間。」

而她對工作的欲望則跟她最寶貴的忠告有關：

「努力工作，保持熱情。如果我曾教會我的孩子一件事，那就是保持熱情。我對美食、朋友、老婆有熱情，也對我們的房子、我們養的狗充滿熱情。我有熱情，一起床就充滿熱情——這是我父親的信念，也是他教我的。他告訴我人生很美好，充滿你還沒遇見的人、你還沒聽過的音樂、你還沒讀過的書。如果你每一天開始時都能尋找讓你充滿熱情的東西，你通常不會失望，因為你每天都可以找到能讓你脫口而出『看看這個，超酷對吧？』的事物。」

聽到珊蒂・托克思維格這番人生宣言，我們都想要她當首相了。

Get off your ARSE and DO SOMETHING

「你得動動屁股，起而行。」

David

ATTENBOROUGH

"I have never met a child
that is not fascinated by our natural world,
the animal kingdom and the wonders within it."

自然學家　大衛・艾登堡

隱身大自然的大衛・艾登堡爵士

我只聽得見大自然的聲音，空氣中充滿神祕的蟲鳴鳥叫、奇異的轉鳴和喀喀嗒嗒聲。迦納大節蛙、馬達加斯加側頸龜和巴基斯坦雪豹接連飛快地穿過我眼前。

接著一名戴著部落頭飾的巴布新幾內亞戰士現身，我們四目相接，他給了我一個友善的微笑，朝我走來，用傳統的方式伸手跟我打招呼。我心想，這個西倫敦的週二夜還真不賴。

其實聲音是播放錄音檔，動物也只是影片，但戰士卻是貨真價實的真人，他很享受初次造訪倫敦的經驗，也很享受他的第一杯琴湯尼。我們正在惠特萊自然保育獎（Whitley Awards for Nature）的現場，這是保育界新秀的奧斯卡頒獎典禮。

今晚的被提名人來自四面八方，場地選在皇家地理學會，真是選得好。這些人終其一生致力於保護遭受威脅的當地物種，保護大節蛙的迦納男子，甚至學會模仿牠們求偶的叫聲，更在領獎時大聲秀了一段，真是讓人印象深刻的獲獎感謝詞。

今晚主要是慶祝這群保育人士和他們的專案，而當晚的重頭戲則是典禮榮譽嘉賓，也就是全世界最受敬重的自然學家大衛・艾登堡爵士（Sir David Attenborough），他得體地穿了套皺巴巴的奶油色亞麻西裝，看起來就像是舟車勞頓剛從異地返來，但他確實是特地趕來的。

他出席這場盛會目的就是支持保育專家，而不是成為鎂光燈焦點。跟他的紀錄片主角一樣，他似乎覺得躲在長長的草後方，藏在觀眾席裡避開舞台，自在多了。

跟他單獨交談時，他果然符合想像，既有獨特魅力，又為人謙遜。他說每年都會為這些頒獎典禮預留時間，包括幫每部保育紀錄影片當旁白，因為「具有當地知識和既得利益的當地人」最能做好保育工作，「沒有什麼比支持努力保護地球的人還重要」。

無庸置疑，室內到處都是受到大衛・艾登堡爵士製作的影片啟發、想為保育盡份心力的人，而且效應是全球性的：歐巴馬總統也說，大衛・艾登堡爵士喚醒他兒時的大自然夢，還請艾登堡爵士蒞臨白宮，向他請教有關保育的問題，實現了他孩提時，想跟這名大自然總司令一起玩耍的美夢。

艾登堡爵士說，人類日漸侵占自然棲息地，在他拍攝影片的這六十年間，我們對環境的需求愈來愈多，讓情況日益惡化。他很清楚這問題的根本：「人少的話，地球面臨的大問題會更好解決。」

他也強調對身邊的事物心懷感激很重要：自然歷史固然有基本的重要性，但我們也要感恩藝術和人。他建議套用所謂的「探險家心理」，去品味人生路上所有的生命寶藏，樂在其中，同時也要注意「創造要多於耗費」。

他也像個小男孩般淘氣，我請他給大家一則忠告時，他假裝不懂，還說他一輩子都想不出也說不出什麼智慧話語，然後眨了下眼。

我第二次逼問他，請他給一個最寶貴的忠告時，他繼續講到要珍惜地球上的生命所賦予的奇蹟，這正好與他在影片的每分每秒所展現的無盡美好不謀而合：

「我遇過的每個孩子，沒有人不為大自然、動物界和其中蘊藏的奇蹟深深著迷，只有在長大後這種驚奇感才會偶爾消失，但我認為保有這種感受會比較好。所以我的忠告就是永遠都不要喪失驚奇感，盡可能保持對大自然的神奇感受。」

這方面，沒人做得比艾登堡爵士好。

I have never met a child that is not fascinated
by our natual world,
the animal kingdom and the wonders within it.
It is only as we get older
that we sometimes lose that sense of wonderment.
But I think we would all be better off if we kept it.
So my advice is to never lose that,
do what you can to always keep that

SENSE

of

MAGIC

with our natural world alive.

「我遇過的每個孩子，沒有人不為大自然、動物界和其中蘊藏的奇蹟深深著迷，
只有在長大後這種驚奇感才會偶爾消失，但我認為保有這種感受會比較好。
所以我的忠告就是永遠都不要喪失驚奇感，盡可能保持對大自然的神奇感受。」

Dame Judi

DENCH

"Look for the pluses in life.
Being negative completely erodes everything.
If something bad happens, I always say cancel and continue and get back on track."

英國演員　茱蒂・丹契

跟茱蒂・丹契酩酊一場

我從沒在美好的夏日清晨感覺這麼糟過。這天是二〇一六年六月二十四日，星期五，英國剛投票決定離開歐盟。我徹夜未眠，跟我近期合作六個月的團隊一同觀看投票結果，忐忑不安地驚覺英國居然選擇了自斷關係，築起高牆。

我開車前往茱蒂・丹契女爵士（Dame Judi Dench）綠意盎然的薩里（Surrey）宅邸時，這念頭縈繞心頭不去。一路上我行駛經過無數面「投票脫歐」的紅色海報，提醒我今天國內至少有一半的人會沾沾自喜地起床。茱蒂・丹契女爵士絕不是其中一人。

我在花園裡找到她，她穿了一身白，沐浴在陽光裡，坐在草皮中央那張猶如老友的桌邊，沉穩的老樹及氣派房屋的斑駁牆壁則在一旁守護著她。她問我好不好，我顧不了深植四十三年的英國人性格，誠實回答她，脫歐的結果讓我無法言喻的沮喪。「我也是，」她回答：「沒別的了，我要酩酊一場。」

「酩酊？」我問，被這個既陌生、聽起來又莊重的用詞搞得一頭霧水。「沒錯，酩酊，愛爾蘭的老用法。我母親來自都柏林，這個詞的意思是喝醉，但是，是喝到爛醉。」我想我搞錯了，沒有所謂莊重這回事。

這是我們第一次見面，但同時感受到的哀痛緊緊牽絆著我們，兩人倚在桌前，你一言我一語地哀嘆著，我們覺得投票結果表示身分與包容的逝去。我們倆的心情一樣差，沉浸在失落感中好一會兒，才重新將自己拉回光明。

後來我在茱蒂女爵士家待了三小時，她跟你想像的一模一樣：一個體貼、坦率、溫暖、幽默、善良、讓人感到撫慰的人。對話過程中，我們從冰咖啡一路喝到香檳，但離開時我沒有酩酊，多虧茱蒂女爵士，我也不再覺得需要喝到爛醉。

但我喝下她用忠告、小故事和肯定調製成的美味雞尾酒，陶醉地離開。我最喜歡的故事是八年前，她讀到一篇劇評家查爾斯・史賓瑟（Charles Spencer）的負面評論：「他不只批評我的演出，甚至列出他覺得我做不好的部分，這點讓我很惱火。

「於是有天夜裡我醒來時心想，我非得寫封信給他，不吐不快。結果我真的這麼做了，我寫道：『親愛的查爾斯．史賓瑟，我曾經仰慕過你，但如今我只覺得你爛透了。』然後寄出。」

跟其他好故事一樣，這個故事也有後續發展。今年稍早，茱蒂女爵士正在劇評人獎（Critics' Circle Awards）現場。

「我感覺有人拍了拍我肩膀，然後有個男人說：『我的名字是查爾斯．史賓瑟，希望您能原諒我。』我跟他說：『那你就親我的鞋子。』他照做了，往地板一蹲親吻我的鞋子，起身後大聲說：『我總算鬆了一口氣。』可是我故意回他：『我還沒說要原諒你。』然後轉身離去。」她說到這裡停頓片刻，刻意營造戲劇效果。「隔天我寫信給他，跟他說，當然，『我原諒你。』但說真的，我心裡的疙瘩真的放下了。」

有趣的是，茱蒂從沒想過成為被評論演技的對象，她本來計畫做劇場設計，這也是她專攻的領域。

「但我哥一直想當演員，我也一點一滴耳濡目染。」但是真正讓她認識到莎士比亞的人是另一個哥哥。「我六歲時，去看他演《馬克白》的鄧肯，他出場說：『那他媽的[8]男人是誰？』我心想，就是這個了，他居然可以站在台上大罵髒話。在那之後我常說『那他媽的男人是誰？』，因為這只是引用台詞，我知道講了也不會怎樣。」

講到莎士比亞的故事，她接著做了一件非常不得了的事，至少對我來說很不得了。茱蒂女爵士的頭往後一仰，動人心弦地朗誦吟遊詩人的話：「好久好久以前，在狂風大作的某日，翻湧的台伯河拍擊河岸，凱撒對我說：『親愛的汝，卡西烏斯，現在與我一同躍入河水吧……』」在那短暫一刻，她彷彿來到台伯河畔，帶著我一併過去。我忽然驚覺，我正喝著茱蒂・丹契的香檳，單獨觀賞她的莎劇演出。

她的忠告是擁有熱情很重要，最讓她滿腔熱血的不用說，就是莎士比亞。她表演的姿態就像呼吸那麼自然，要是莎士比亞還活著，這兩人會惺惺相惜。她剛當上演員時，只想演莎士比亞戲劇，第一個接到的角色就是倫敦老維克劇團（Old Vic）的奧菲莉亞[9]（Ophelia），因而引發爭議，因為從來沒有新手第一次登場就演主要角色，但茱蒂當然演得很好，此後從沒停下來過。

不過，她卻說出一件令人出其不意的事，她說現在的她比當時更緊張。

「知道的愈多，就愈不確定，因為當初你還不清楚潛在的困難。但要是我不覺得緊張，反而應該擔心，畢竟緊張感會讓我活力充沛，幫我加滿油。」

她說劇場表演依然讓她覺得赤裸，毫無遮掩。「我就像學校生物課上的那隻青蛙，從中央被剖半劃開，釘住四肢，等著被人肢解。我只想要哪個人走進來給我一個擁抱，保持正面態度，但大家敲門走進來時，偏偏卻說類似這樣的話：『從格洛斯特（Gloucester）過來的路上交通糟透了。』」

這是她主要論點的一個小例子。如果保持樂觀，人生就會更美好。

「如果我能傳授智慧，我會告訴你：行行好，多看看生命中的美好，悲觀消極會腐蝕一切。若壞事發生，我都會說：取消，繼續，重頭來過。悲觀不會有好結果，我不來悲觀這套。」

停頓沒多久，她又說：

「脫歐公投除外。」

就憑這句話，我敬妳。

8・原文是「What bloody man is that?」，背景是戰場，鄧肯國王當時看到這名男子渾身受傷流血，想要詢問他戰爭進展，因此這裡的原意是「那個流血的男人是誰？」但英式英語中「bloody」是粗俗的強調語，六歲的茱蒂便聯想到髒話。9・奧菲莉亞是莎士比亞《哈姆雷特》中的悲劇人物，愛上殺了她父親的哈姆雷特。

Look for the pluses in life.
Being negative completely erodes everything.
If something bad happens,
I always say

CANCEL

and

CONTINUE

and

GET BACK

on track.

「多看看生命中的美好，悲觀消極會腐蝕一切。
若壞事發生，我都會說：
取消，繼續，重頭來過。」

Andy
REID

"The most important thing is
don't look back on what has happened.
Instead look forward to what you can do."

英國陸軍下士、作家　安迪・瑞德

下士安迪・瑞德的二等兵抬槓

「我的傳家之寶還健在嗎？」這是安迪・瑞德下士（Corporal Andy Reid）剛甦醒的第一個問題。他在阿富汗擔任英國軍隊步兵，即將退役的前十天，不慎踩到塔利班（Taliban）掩埋的土製炸彈，炸飛了兩條腿和一隻手臂。安迪很幸運，他未來的妻子克萊兒和他們現在的兒子威廉也很幸運，這個問題的答案是確定的「還在」。

我到他的家鄉與他會面時，他告訴我這個故事。安迪很熱心地到車站接我，駛著他裝設彩色玻璃窗、擾流板和車架組的改裝四輪傳動吉普車，這不是一台普通的身障者汽車，而安迪的故事也不普通。

回到廚房後，安迪熟練地用單手泡茶，描述他剛撤離阿富汗，父母初次去醫院看他的情景。發現兒子躺在病床上，沒了兩隻腳和一隻手，剩下的那隻手還打著石膏，他老爸手足無措，於是只拍了拍安迪的頭。「我跟他說：『爸，拜託，我又不是狗。』此話一出，我們兩個都笑出來，那時我們就知道一切都會沒事的。」

對安迪來說，笑話就是「二等兵的抬槓」，也就是士兵用來調劑心情、轉換場面氣氛的做法。「意外發生後四週，我參加了追思遊行，那天真的很冷，於是我對其他同伴說：『今天真他媽的冷，冷到我腳趾都沒知覺了。』這句話讓大家哈哈大笑，驅散了尷尬氣氛。」

安迪最不希望別人跟他相處時小心翼翼或可憐他。「我自願入伍，也接受發生在我身上的事，我本來就知道會有風險，這一點讓我能更容易往前看。要是每次都把錯怪到別人頭上，就很難快步前進，只會自怨自艾，心態酸溜溜。」這種思考模式讓我看見安迪身為士兵典範的決心與堅韌。

安迪一點也不酸溜溜，每年他都會慶祝爆炸發生的那一天，稱之為「活著真好日」。「我在醫院醒來時發現自己不是罹難者，而是倖存者，跟我同一連的人有六個都被同一顆土製炸彈炸死，他們都回不來了，而我只住院兩週就能回家。」他說他需要榮耀那些無法像他幸運返家的士兵，而他能做的，就是每分每秒好好活著，而不是坐在那裡自憐。

對於其他同樣面對改變人生的挑戰的人，他有一個忠告，那就是記住「心裡想什麼，身體就能做到」。每年的活著真好日，他都會替自己設定一個全新的體能挑戰，證明他可以做到。就是這樣的心態，讓他到目前為止已經登上威爾斯的史諾頓山、跑一萬公里的賽跑、完成英國單車環島，以及兩次跳傘；這些都是大多數人以為安迪辦不到的事，但他還是靠意志力完成了。

你可以從一幅掛在廚房牆上的巨型海報，看見他努力前進的精神。海報是一張英國首相邱吉爾（Winston Churchill）的照片，還有一句寫得大大的邱吉爾名言：「若你正處地獄，繼續撐下去。」這張海報也清楚顯示了安迪的路途十分艱辛。他說不能追著兒子玩，戳中他的痛處，有時甚至痛到難以承受，但他不屈不撓地繼續撐下去。「我兒子的老爸要是在家鬱鬱寡歡，對他沒好處，不是嗎？」

他講到退伍後的新生活，日子過得忙碌。現在的他是成功作家，出版了一本講述他過去故事的書，還有一本正在進行。他在當地小鎮開了一間咖啡廳兼酒吧，結了婚，常受邀公開演說要如何面對人生逆境。但對安迪來說最重要的，就是他可以多陪陪兒子，要是他還在軍隊服役，這絕對不可能。

正是他全新的生活和成就，讓他得出一個最重要的忠告：

「到頭來，我想最重要的就是別回頭去看過去發生的事，就向前看，看看自己能做什麼，然後往前衝。」

他就是落實這個哲學最活生生、鐵錚錚的五星級典範。

他最後一段話道出這種人生態度的好處，令人難以忘懷：「你知道嗎，要是明天有人對我說：『安迪，你會希望要回自己的腿和過去的人生嗎？』我會告訴他：『不了，多謝，我現在快樂多了。』」

The most important thing is don't look back on
what has happened.
Instead look forward to what you can do.

JUST
CRACK
ON

「最重要的就是別回頭去看過去發生的事，
就向前看，
看看自己能做什麼，然後往前衝。」

Richard BRANSON

*"All of it is life, all of it is precious.
Don't waste any of it doing something you don't want to do.
And do all of it with the people you love."*

維珍航空創辦人　理查・布蘭森

小島霸主理查・布蘭森爵士

第一次跟理查・布蘭森爵士（Sir Richard Branson）見面，是在他牛津郡的舊家，他為維珍航空公司（Virgin Atlantic）的員工在附近空地舉辦了一場規模不輸慶典的派對。他與《大亨小傳》（*The Great Gatsby*）的蓋茲比截然不同，站在前門招呼每個進場的人，而當天總共來了一萬五千人。他長達四個多小時都在握手、親吻臉頰、歡迎來賓——這正是他個人的管理原則：要是你照顧自己人，他們就會照顧你。

但這陣子以來，維珍員工都夢想著能去布蘭森位於內克島（Necker）的家，也就是他家族的私人小島見老闆。這座小島若隱若現藏在加勒比海的淡藍海水中，每年總有幾個幸運的維珍員工受邀前往，額外好處多過免費的咖啡和熱茶。

我在島上待了一週，不是以員工身分，而是（真的萬幸）以家族友人的身分前往。不管「旅行的過程比抵達美妙」這句話是誰說的，我都可以拍胸脯保證，那個人絕對沒來過內克島。就連前往小島的旅途都聲勢浩大；首先，你得搭螺旋槳飛機抵達鄰近的停機坪，從那裡搭上其中一艘快艇，船上充滿親切的服務人員、震耳欲聾的聲響和冰鎮飲料，馳騁於湛藍海水，敏捷地穿過各座小島後，最後抵達群島最遠端的小島——內克島。

等你見到內克島，就會明白為何上帝把它擺在最後：這座島有兩片完美純白的月牙形沙灘，邊緣綴滿棕櫚樹，沿著青翠陸岬的兩側而立，不用說，主屋就傲然地佇立在那兒。你可能已經從網路圖片得知海濱有天然岩石色澤的按摩浴缸，還有可以望出平靜大海的無邊際泳池，但你絕對沒料想到還有驚人的野生動物之美：天空四散著色彩繽紛的天堂鳥，吱吱求偶的狐猴，以及有著三百隻粉紅火鶴的內陸潟湖。我這個挑剔、不好取悅的人得說，這地方簡直完美，根本就是上帝的度假聖地。

這一次，也讓我有機會近距離觀察這名世界上最受敬重的企業家，在他天然棲息地的一舉一動。若說除了慷慨大方、和藹可親外，這名稀世罕見的商業龍頭還有什麼更獨特的特質，那就是他用力生活，絲毫不浪費人生，把每分每秒都當作只有一次的珍貴禮物般，細心品味。

如果你還不肯相信我，他在內克島尋常的一天是這樣過的：

上午六點：與來自邁阿密的網球辣妹教練打網球

上午八點：在陽台與家庭老師練瑜珈

上午八點半：與老婆、小孩、孫子和朋友共進早餐

上午九點：跟兒子與女婿在他擁有的另一座小島玩風箏衝浪（他最近連內克島對面的那座島也買下了，畢竟一座島怎麼夠？）

上午十點：跟私人助理前往私人辦公室，播報高品質的媒體節目，支持數不清的維珍事業和遍布世界各地的慈善工作

下午一點：以高空滑索從主屋滑下到海灘，跟家人、朋友烤肉

下午兩點：看誰有膽量，跟他在泳池畔下棋（贏家：布蘭森）

下午三點：搭高爾夫球車回主屋工作

下午四點：與辣妹教練打第二輪網球

下午五點半：餵食狐猴

下午六點：跟其他賓客進行內克盃網球錦標賽（贏家：還是布蘭森）

下午八點：泳池畔晚餐

下午九點：在主屋舉辦派對

他以穿著夾腳拖般輕鬆有感染力的熱情進行所有活動，就好像他那天早晨醒來時，驚喜地發現自己置身美麗天堂，完全忘了他其實耗費三十年才拚出這一片江山。

這三十年來，他也重新定義了做生意的本質。在布蘭森出現前，大家對英國企業家的刻板印象就是耍手段，屬於德爾小子[10]（Del Boy）那一類型。

但布蘭森改寫了這一點，他讓創業變成一件性感又酷又有趣的事，最重要的是創業有可能成真。他的成功、人生和對生意的態度，如同為其他企業家的野心背書，讓人可以放膽做夢，去思考「如果」的可能性。

我在一個海邊酒吧逮到他，他腳邊擺著風箏衝浪過來的板子，正在跟製作調酒的女孩講話。他得知她即將回英國，擔心她回去找不到工作，於是拿起電話幫她聯絡人找工作。

這讓我想起另一個場合，那時我跟他都是某年輕創業家比賽的評委。我們在爭辯誰才該贏，他卻想確定還有多餘預算，可以讓所有人都不空手而歸。這個男人熱心得沒話講，答案永遠只有「好」，他在公司裡的綽號是「好先生」，而他最為人所知的名句就是：「管他的，來做吧。」

但當我尋求他最寶貴的忠告時，他講的卻不只關於工作和生意，而是關於人生，以及我們該怎麼生活。

也許是我們的場景彷若伊甸園，或者都是因為他落實自己的忠告，我們才到得了這片猶如人間淨土的小島：

「每次大家講到工作和玩樂時，都講得好像是兩回事，彷彿人是為了玩樂而工作，而玩樂結束就要回去工作，但工作與玩樂其實都是人生的一部分，都很可貴。別浪費人生去做你不想做的事，要記得跟自己所愛的人去做你想做的事。」

他說這番話的同時，我能看見他的家人、朋友和私人助理，一一從陸岬滑著高空滑索過來，要和他在私人海灘的陽光下共進午餐。我在內心暗自第一百遍這麼想著：這男人還真知道怎麼生活。

10．德爾小子，英國廣播公司一九八一年的情境喜劇《傻瓜與馬》（Only the Fools and Horses）裡的角色，性格樂觀自信，好大喜功，經常對客人說謊。

All of it is

LIFE

all of it is precious.
Don't waste any of it doing something
you don't want to

DO

And do all of it with the people you

LOVE

「但工作與玩樂其實都是人生的一部分，都很可貴。
別浪費人生去做你不想做的事，
要記得跟自己所愛的人去做你想做的事。」

Katie PIPER

"If for whatever reason you ever feel in despair, it is worth remembering God gives his toughest journeys to his strongest soldiers."

模特兒、電視主持人、慈善家　凱蒂・派博

超模模範生凱蒂・派博

倫敦一個陽光普照的下午，我在高級酒吧跟美麗的模特兒、電視節目主持人、慈善家和暢銷書作家凱蒂・派博（Katie Piper）啜飲著琴湯尼。人生好難啊。

享用美酒時，我得知這位跟我喝雞尾酒的朋友做了許多了不起的事：她的慈善活動幫過好幾千人；她是多產的作家，光是八年內就出版了五本書；即使有小孩要養育，她仍舊可以同時進行好幾份工作。最了不起的是，她在八年前遭前男友強暴、潑硫酸毀容後重新面對人生的態度。

前男友這場攻擊的目標，就是盡一切所能傷害凱蒂的外貌，這點他可惡地成功了。攻擊事件後的十二天，她從昏迷中醒來，醫生跟她解釋情況，總的來說就是：妳左眼失明，左半部臉毀容，呼吸不順是因為妳吞下了自己的食道，而警方在這裡錄影，是怕妳撐不到法庭審判。

她當下第一個反應很簡單，也可以理解：「我心想：『我要盡可能趕快出院，安安靜靜回家，然後吞安眠藥自殺。』」接下來幾週，時間過得很緩慢，臥病在床，疼痛又無法動彈，還有護士二十四小時隨身待命，凱蒂默默計劃著自殺，但有天夜裡，她思考著該怎麼自殺時，「有個聲音不知從何而來，對我說：『不要自殺，我無法告訴妳為什麼，但有更重要的原因。妳必須活下去。』」她說自那一刻起，她就做出人生最重要的決定：她選擇當生命鬥士，而不是受害者。

等到即將出院時，她的決心更堅定了。她感激護士和醫生的悉心照料，但當人們開始跟她談起殘障者能獲得的補助和社會住宅時，她才恍然大悟，大家對她未來人生的期許很低。「沒有人告訴我，一個毀容的女人依然可以結婚生子、可以性感、可以當上執行長、可以成為先驅、可以引領時尚潮流，所以我決定要跨出去，努力爭取我想要的一切，反正大家都知道我已經沒什麼好損失的了。」

想要打造全新人生，其中一部分就是接受已經發生的事。「我對自己說，我絕不可能長得像以前的我或名模辛蒂·克勞馥（Cindy Crawford），但也許，我依然可以擁有屬於自己的美。」另一部分就是要有絕對的韌性。「如果你去看那些成功完成的事物，往往都是被人說不會有前途的人去做的，他們毅然決然拚命去做，這鼓舞著我繼續前進。」當然她還是需要非常有勇氣去承受四十幾次手術和植皮，忍受每天戴著面具二十三小時、勇敢第一次面對外界。「一開始，我並不想離開家，我真的很恐懼外面的世界，那是我的黑暗期。但我整天穿著睡衣，看了一年電視節目《大話女人》（Loose Women）後的某個時刻，我發現真的不能繼續待在家。」

身為一個渴望結婚成家的單身女性，她當然還得面對男女交往的問題。「我住在倫敦奇西克區（Chiswick）的單人床公寓，戴著塑膠面具，努力想讓人回我訊息。我心想，好吧，就算我再怎麼樂觀，這件事確實很難，沒人會喜歡我的。」但她不打算讓毀容也毀了她成為母親的願望。「我開始存錢凍卵，研究要怎麼領養小孩，因為我知道，什麼都無法阻止我當媽。」最後她繼續嘗試約會，遇到一個男人，陷入愛河，兩人結婚生了一個孩子，英國《哈囉！》（*Hello!*）雜誌的專題報導都能證實。

凱蒂·派博說一般人都認為殘障就是弱勢，但她不打算接受這種說法。「大家都以為我的人生毀了，但我不認為。理論上，我應該沒這麼多機會和幸福才是，我應該要有憂鬱症、依賴酒精。但我從沒比現在更積極正面，我的人生也從沒像現在這樣，吸引過這麼多正面的成功人士。」

人們下意識覺得不再有可能發生在她身上的事——結婚當媽、回去當模特兒、經營慈善機構、協助成千上萬名燒燙傷病友——她全都辦到了。凱蒂過去八年的成就和經驗，讓她得出以下這則最佳忠告：

「這個經驗告訴我，我們眼前的障礙其實根本不存在，唯一的障礙存在我們的腦海裡。是我們創造它們，餵養它們，選擇讓它們存活，所以我們也可以選擇剷除障礙。自信和幸福不是憑運氣得來，也不是只有其他人才能擁有，這是你自己能做的決定，你要付出努力、投入，相信自己值得美好。世上根本沒有任何障礙能阻止你幸福與自信，無論你因為什麼跌落谷底，都一定要記得：上帝都是派祂最強壯的士兵，讓他走上一段最艱難的旅程。」

The only way barriers exist is in our heads.
We

CREATE

them, we

FEED

them, and we choose to keep them

ALIVE

「唯一的障礙存在我們的腦海裡。
是我們創造它們，餵養它們，選擇讓它們存活。

Mike

BLOOMBERG

*"There is always someone else
who can do what you can do,
so you've got to make sure you do it first."*

前紐約市長、彭博集團創辦人　麥克・彭博

紐約第一名的麥克・彭博

傑出人士有一點很值得注意，那就是他們一旦排除萬難，在某個領域功成名就，接著通常會以同樣的精神轉攻另一個南轅北轍的領域。麥克・彭博（Mike Bloomberg）就是最經典的例子。

他在而立之年，從零開始為彭博社打地基，後來茁壯為一家全球媒體公司，彭博更在這段期間成為世界第十四大富豪，一切進展得相當不錯。然後他涉足政治，成為史上最成功的市長，管理世界首都紐約市，無人可及地當滿三個任期。親眼見到他時，很快就會發現他就像他所領導的城市：唐突、忙碌、不怎麼睡覺。

他有個人盡皆知的名聲：說話的速度很快。這是真的。但他喜歡迅速完成工作任務。擔任市長時，他立志在二〇三〇年減少紐約三十％的溫室氣體排放，並在六年內就達成十九％。他發起專案，立誓要在二〇一七年前，於紐約種植一百萬棵新樹：這任務提前兩年就達成了。

就跟紐約市一樣，彭博不斷重塑自我，他本來註冊為民主黨員，但選市長時卻變成共和黨，利用自己的資金參選，對誰都不虧欠。身為共和黨員，他主張墮胎合法化、支持槍枝法、贊成移民改革，這些都是共和黨員不應該有的主張。然後第三度參選紐約市長時（照理說不可能，但紐約市議會投票改變規定，讓他三度參選），他以無黨派獨立人士身分參與競選，並且勝選。擔任市長的政治生涯結束後，他接著忙慈善活動，將十億八千萬美元捐給超過八百五十個慈善機構。這個白手起家的男人深深相信幫助他人的重要，他資助的項目包羅萬象，從蓋新醫院到打擊氣候變遷，甚至包括進修教育。簡而言之，這男人閒不下來。

想過如此充實、成功又忙碌的人生，對此他有什麼忠告？

「嗯，成功的不二法門就是努力認真，意思就是說要做你喜愛的事。有誰想要每天都做自己不想做的事，過這種人生？但最重要的還是要坐而言，起而行。絕對有別人可以取代你，做你能做的事，所以你得趁其他人開始前衝第一。每天早上都要早起，開始幹活。」

換句話說，不夜城的市長意思是：「還不快起床！」

There is always

SOMEONE
ELSE

who can do what you can do,
so you've got to make sure you

DO
IT
FIRST

「絕對有別人可以取代你，做你能做的事，所以你得趁其他人開始前衝第一。」

Diana ATHILL

*"Don't let your passion trap you into trying to own the person.
The trick is to love them,
not to possess them."*

文學編輯、小說家　黛安娜・阿西爾

不從俗的老太太黛安娜・阿西爾

我人在北倫敦一家退休女士的安養院，這幢磚瓦剝落的老舊宅邸位在海格特（Highgate）的小巷，靜謐的走道散發溫暖舒適的氛圍，我不太肯定地走著，心裡好奇哪扇門後方才是我要造訪的老太太。

我跟現年九十七歲的老奶奶黛安娜・阿西爾（Diana Athill）有約。她在五十年的出版生涯裡，是大家公認倫敦最強的編輯，經手過的作家包括傑克・凱魯亞克（Jack Kerouac）和菲利普・羅斯（Philip Roth），而正值耄耋之年的她也成為獲獎作家，更是傳授兩性關係的專家，至少我們碰面的這一天是。

我設法避免唐突闖進退休老太太的臥房，引發醜聞，成功逮到一名員工，請對方帶我去黛安娜的住處。她一開口，我就知道眼前這人過的人生可不尋常——她說的話也很不尋常。第一個聊的主題是性和不忠，這不是去安養院拜訪高雅老太太時，預期聽到的話。我背往椅子一靠，這場對話顯然會很了不得。「如果你結婚了，不能期待另一半一輩子對你忠貞。如果你抱持這種期待，我只能說你瘋了。我當然不想要見一個愛一個的男人，但不忠難免發生，為了這種事就毀了一段婚姻，實在很傻。」

可能不是所有人都能接受這個強烈論調，但不可否認，黛安娜的確落實她傳授的想法。她最長一段感情是跟牙買加籍劇作家巴瑞・雷克得（Barry Reckord），兩人在四十多歲時相遇，跟黛安娜交往八年後，巴瑞開始與劇團裡某個女子有染。

黛安娜發現他們彼此是認真的之後，就提議要小三搬進來，三人和平共處，同住了許多年。大部分人心目中的愛情不是這個模樣，雖然很不傳統，但結局很美好：這名小三直到今天還是黛安娜的死黨。

展開一段感情時，黛安娜建議大家當心羅曼蒂克。

她說人們都喜歡羅曼蒂克的愛情，剛談感情時的一頭熱讓他們很興奮，而人通常就是用這種方式選擇伴侶，但這種感覺不持久，最後就可能陷入「你看過最可怕的婚姻關係，男人跟妻子坐在餐廳，卻沒人開口說話」。

對一個文學界的女人來說，跟伴侶無話可說是最可怕的命運。所以你要找的對象應該能讓你無話不談，有許多共通點，對方是你很有興趣認識的，兩人都珍惜一樣的東西。「等你找到了，這種感覺不一定羅曼蒂克，而是非常、非常舒服的感受，會造就出更優質的長期交往關係。」

我愈聽下去，愈能理解她的論點。一般來說，人們會以為一個人就該滿足我們所有需求——友情、親密與激情，但最適合的對象不見得是最好的情人。要是這樣，根據黛安娜的說法，因為需要刺激感而和別人上床就沒錯。「隨著年紀愈來愈大，我需要新的對象帶來的興奮感受，一週一次的美好會面讓我很興奮，但這段關係完全不是愛情，我並不想嫁給他。我是喜歡他沒錯，這老傢伙很可愛，但我們純粹是性愛關係。」

她的觀點很現代，而這番話出於一名在古板年代長大的九旬老太太，更讓人覺得不可思議，讓我們看見黛安娜確實很不傳統。她給我們最好的忠告跟這個想法息息相關。

「不要有掌控慾，這一點最危險，尤其跟性有關的掌控。很多人覺得，要是結婚了卻沒有這方面的掌控慾很不對，我覺得這想法很要命。不要讓激情使你陷入想擁有對方的境地，訣竅就是去愛對方，不是去占有他。」

她這一生的知識與經驗讓她覺得不得不補充一點：「如果他們對你不忠，原諒通常是有用的做法。」

Do not be possessive.
It is one of the most dangerous things, especially in relation to

SEX

There are a lot of people who think
it's indecent to not be possessivewhen you are married.
I think it's

FATAL

Don't let your passion trap you into trying to own the person.
The trick is to love them, not to

POSSESS

them.

「不要有掌控慾，這一點最危險，尤其跟性有關的掌控。
很多人覺得，要是結婚了卻沒有這方面的掌控慾很不對，
我覺得這想法很要命。不要讓激情使你陷入想擁有對方的境地，
訣竅就是去愛對方，不是去占有他。」

Andy

MURRAY

*"Always believe that when you apply yourself,
you can achieve anything ... don't forget,
natural ability will only get you so far, there is no substitute for practice."*

英國職業網球選手　安迪・莫瑞

冠軍荒終結者安迪．莫瑞

有哪個職業運動比網球更難駕馭？緊湊殘酷的特訓時程從童年就開始，不到退休不見終點；人生就是不停地東奔西跑，跟家人朋友分隔兩地。再來是網球賽的特性：猶如現代版的決鬥，一對一殊死戰，沒有隊友可以分憂解勞；每次都是長達好幾個鐘頭的纏鬥，日復一日受到嚴格檢視。以數學來看，事實也不合邏輯到令人抓狂：明明一場比賽最多可以到兩百五十分，但每一分都不合比例地重要。網球恐怕是所有運動中最單純、最辛苦、最無情的一種。

想像一下，如果你決定打網球，下定決心要把一生的時間貢獻在成為機會渺茫的職業球員上，小時候要忍痛婉拒足球特訓合約，放棄其他人生道路。正當你的努力付出和犧牲奉獻開始出現好結果、排名逐漸靠前時，多謝命運捉弄，你的機會降臨之際，居然碰巧遇上三位排名最高的天王選手，這三位網球王子都展現出前所未見的成功、技能和一致水準，朝你丟出挑戰書。你心知肚明要是換了時空，你的才華與技巧包準贏十次冠軍都沒問題，偏偏宇宙在重要時刻發給你一顆難判球，這下你能怎麼辦？

如果你是安迪・莫瑞（Andy Murray），你就會牙一咬認命，做你一直都在做的事：回去好好努力，加強練習，繼續進步。你會仔細剖析自己的技巧，挑出每個細節放大來看，好好運用每塊肌肉，好好吃每一餐，運用每一種心理技巧。你會吸收他人期許的龐大壓力，重新運用，將這股能量轉化為追逐每一顆球的力量。

結果呢？你晉升為第四位天王——先是奧運金牌，再來是在美國網球公開賽取得第一座大滿貫冠軍，接著來到第五個冠軍點，就算不是全運動界，至少是網球界最讓人覬覦的冠軍頭銜：猶如聖杯的溫布頓網球賽。你讓祖國天降甘霖，終結英國長達七十七年的冠軍荒。過了三年，脆弱暴怒的英國人民接二連三聽了幾個月的壞消息後，你又再次獲得溫布頓冠軍，打得比以往更好。全世界開始在想，也許你才剛開始發威。所以恐怕沒有任何活著的人比安迪・莫瑞更認真、確實活出他的忠言：

「永遠都要相信，只要你全力以赴，你就什麼都做得到。一定要百分之百付出，無論做什麼都要用盡全力，不僅是你喜歡的事，對人生也應該如此。還有別忘了：天賦有限，苦練無可取代。」以上就是這個苦練成完美的男人給的忠告。

Always

BELIEVE

that when you apply yourself,
you can achieve anything...
don't forget,
natural ability will only get you so far,
there is no substitute for

PRACTICE

「永遠都要相信，只要你全力以赴，你就什麼都做得到……
還有別忘了：天賦有限，苦練無可取代。」

Dr. Maki

MANDELA

"Live your own life. Walk your own path."

南非人權領袖曼德拉之女　瑪琪・曼德拉

瑪琪・曼德拉博士的道路

我第一次跟尼爾森・曼德拉和其夫人伊芙琳・馬斯（Evelyn Mase）仍健在的長女瑪琪・曼德拉博士（Dr Maki Mandela）見面，是在一場紀念與她父親同遭監禁者的慈善晚宴，場面令人動容。這晚慶祝的是她父親跟戰友攜手幫南非爭取到自由的戰績，但這群鬥士和他們的家人，以及無數人付出的代價，卻讓這一晚蒙上惆悵氣氛。穿著亮麗南非傳統服飾的曼德拉博士站在舞台上，真情流露地講著自己的父親，卻依舊保持沉穩堅強，任何父親都會以這樣的女兒為榮。

之後跟她單獨會面時，她內心的力量與沉著，讓她沒空搭理愚蠢的人。我看得出來，因為我就是那個蠢蛋：我有點緊張，口齒不清又匆促的自我介紹，令她懶得理會。「所以你要我說什麼？」她簡潔回應我。我解釋對她的人生哲學很感興趣，幸好這句話正好打中了她。

「我從事後得知，所有力量與強度都來自內在。這幾年來，我學會與自己的心魔、苦澀、憤怒共處，審視自己，努力讓自己變得更好，更真實地活出自我。」她提到的憤怒主要指的是早年她父親不在身邊，「我們之間的關係是又愛又恨，有時我很怨恨為何他得去坐牢。」她公開講到父親身為人的真實面：「我對我爸的認識就是他是我爸，我知道他的弱點，我看過他風光得意的時候，當時他可以抬頭挺胸走路，不需對任何人低聲下氣。但我也看過他在人生最後幾年的病病殃殃，臥病在床，可是他還是保持尊嚴，直到人生最後一刻。我知道他也是有血有肉的凡人，就跟你我一樣。」

當然她還是很尊敬他。「他很專注一志，如果他說過他要去哪，無論路上發生什麼事，他都會去。他真實活出自我，對自己誠實——這是我仰慕我父親的一點。」

活在受全世界敬重的人的陰影底下並不容易，她很清楚。「我爸總要我找出自己的人生方向，他知道我不適合他那條路，他說如果妳的任務跟父母一樣，就說明妳沒有野心。」她自己的道路就是成為社工、人類學博士、商人和葡萄酒莊企業家——她在人生旅途上找到屬於自己的道路，不再籠罩於父親的陰影底下，同時深愛著真正的他。這反映在她給我們的忠告：**「所有我們想知道的答案就埋藏在自己心底。活出自己的人生，走屬於自己的路。」**

All the

ANSWERS

that we want are within us.

LIVE

your own life.

WALK

your own path.

「所有我們想知道的答案就埋藏在自己心底。活出自己的人生，
走屬於自己的路。」

Mario

TESTINO

"Life is funny.
It can be so random,
so you have to learn how to sway."

時尚攝影師　馬力歐・泰斯提諾

超級馬力歐・泰斯提諾

馬力歐・泰斯提諾（Mario Testino）的總部，正符合你心目中世界知名攝影師的家該有的模樣。先說外觀，這棟建築粉刷上時尚的黑，就如同超級名模的黑色小洋裝。再說內部裝潢，全白而淡雅，寬闊、開放式的攝影棚空間，聲聲喚著攝影器材和名人進門，讓大師拍照。牆上掛著一幅幅照片，主角都是世界最知名、最美麗、最才華洋溢的人，他們望入馬力歐的鏡頭，拍出上鏡的畫面。

馬力歐本人也是模特兒等級的帥哥，他低調地把各式各樣的海軍藍穿在身上，個性迷人健談，但要是你很會吃味，建議你最好別點開他的Instagram，裡面滿滿都是不見底的名人照片，在很美麗的地方做很不得了的事。

照片沒有造假，他的人生真的就如圖片所示。我告訴他，他似乎是少數幾個人生表裡如一的人，表象跟實際情況一樣美好。

他證實了我的疑惑：「我的工作領域圍繞著長得最好看的人、男孩、女孩，也常需要去漂亮的地方進行拍攝，每次都不會在同一個地方待超過五天。我真的很幸運，但今日的成就也需要付出代價，我花十二年努力爭取工作機會與開創人生，現在的我每天至少要工作十二小時。」

馬力歐在祕魯一個感情很好的大家庭中長大，他是好學生，包括他自己在內的所有人都以為他會走法律或經濟的路。然而進入青春期的他，卻「開始奇裝異服：亮色系、條紋、圓點、黃色橘色藍色交錯，我就是忍不住，非得做這些奇奇怪怪的打扮不可」。他的父母雖然不理解，卻也沒制止他，但大家看在眼裡都很清楚，他無法融入這個保守的羅馬天主教國家：「人們看著我的表情就好像我是怪咖。」大學時試過三個不同科系，乞求父母六個月後，他們總算送他去倫敦。

他一抵達英國就愛上那裡。「我在英國找到自由，是心靈的自由，不是身體的解放，英國人對身體很放不開，可是他們的想法自由，他們什麼都能夠理解。」

他下意識感覺他能夠做自己。馬力歐申請了倫敦某所理工學院的傳播課程，也錄取了，但課程隔年才開始，於是馬力歐先在當地一所攝影學校上課，並透過一名友人介紹，認識一位伊朗攝影師，這名攝影師才剛開設自己的攝影工作室，讓馬力歐無酬擔任她的助理。

「有趣的是，跟著她那段期間，我學到的比在攝影學校還多，那時我知道這就是我想做的工作。」

他說當時他很快就拿到工作，但也很快就丟了工作。「我會說服別人，求他們僱用我，但我燈光都打錯了，最後工作也沒了。當時還在用底片拍攝，所以發現犯錯時為時已晚。」隨著時間過去，他也學到教訓後，開始保住部分工作，有些人還回來找他拍，現在他已在時尚雜誌《*Vogue*》擔任超過三十年的攝影師。

他說他長久的成功全要歸功於他的堅持，總是堅持找出拍攝事物或人物的角色。「身為攝影師，你有兩個選擇，一個就是拍關於自己的故事，再者是拍攝影對象的故事。我拍皇室或Burberry時不會想著馬力歐．泰斯提諾，而是專門為了每個人創造畫面，捕捉下他們。」

身為成功的國際攝影師，他對於自己的工作一點都沒有自命不凡。「大家都忘了我們是商人，目的是讓東西變得好看。我們可以賣你一件外套、一件洋裝、一台汽車、一個國家、一個家庭，什麼都能賣，我們能讓你渴望這些東西。」

他也把成功歸於自己不斷對改變、動向、任何新鮮事保持開放的心態。「我總會說，我什麼都不想當，因為這樣我想當什麼都可以，我可以當我想當的人。性慾、食物的口味、音樂、顏色、服裝，這些都不斷在變。我學到的是，你不可能永遠都喜歡紅色，因為後來你會喜歡上黑色，然後黃色，然後綠色。」

他說，他從個人經驗學到最大的一個教誨，就是保持可塑性，不要抗拒人生要帶你到哪裡去。

LIFE IS FUNNY

It can be so random, so you have to learn how to sway.
You have to be open to what slightly puzzles you,
to what you feel curious about,
not just what you already like because then
there's no space to grow and become more.
In Peru where I grew up there are earthquakes,
and the buildings that are built to sway
and move are the ones that usually survive.
The ones that are too stiff tend to crack and fall down.

「人生很有意思，很意想不到，所以你要學會跟著它搖擺。
對於讓你略微迷惘、讓你好奇的事物，務必保持開放態度，
而不是只接受你已經喜歡的東西，因為這樣不會有成長空間，也不會讓你進步。
我出生長大的國家祕魯會發生地震，而蓋得搖搖晃晃的建物通常都能撐過地震，
蓋得太剛硬的建築，則可能崩裂倒塌。」

Lucy

GILES

"Life is about doing the right thing, on a difficult day, when no one is looking."

軍校指揮官　露西・吉爾斯

與露西・吉爾斯中校深入軍營

我一下車就聽見槍響，對於參訪桑德赫斯特（Sandhurst）軍事學院，真是再寫實不過的背景音。每一位英國陸軍軍官都是在這裡受訓，學校每年招收六百名希望成為陸軍軍官的高資質學生，而每一位學生都是中校露西・吉爾斯（Lucy Giles）的責任，她是史上第一位負責這所最受推崇軍校的女性指揮官。

我向來不是個準時的人，但由於我要見的是指揮軍隊的中校，於是盡量提早抵達。但即便我早到，露西也早就在警衛室外等候我，抬頭挺胸，背脊打直，帽子低低壓在眼睛上方。所有軍隊人員都喊她「長官」，我在想我是不是也該這麼稱呼她。

幸好她讓我稍息放鬆，建議「我們泡杯茶喝」，於是我們規劃撤退，穿過操場，前往她在主校舍的辦公室。除去狀似可怕的野戰訓練場和停在車道旁的不明坦克車，我們就像身處富麗堂皇的住家中。桑德赫斯特總面積十六平方公里，坐擁未受破壞的林地、天然湖泊、遼闊草地，以及其他軍官與露西居住的古典老建築。你可以從吉爾斯中校辦公桌的有利位置看到閱兵場，二十四年前，她也是其中一名稍息站在那裡的受訓軍官。二十四年改變了不少軍隊對女性的看法。沒錯，早年確實存在性別歧視、腳踏車的不雅笑話和其他常聽見的胡言亂語，但露西說那種思維已成歷史，現在的軍隊絕不會縱容這種事發生，她在軍旅生涯中也沒遇過性別歧視。露西曾在波士尼亞、伊拉克、阿富汗、獅子山和北愛爾蘭率領軍事行動與部隊部署。除了她目前正扛起的重責大任，她還是兩個孩子的媽，以及一名士兵的妻子。「我的確蠟燭兩頭燒。」她輕抬眉毛說道，她的家就「深入軍營」，意思是住在桑德赫斯特這樣的軍營周邊範圍內。簡單地說，吉爾斯中校的生活完全脫不了軍隊。

她進入軍隊世界主要是出於巧合和好奇。露西還在就讀艾賽司特大學（Exeter University）期間，有位同學向她提議週末一起參加軍官訓練營，於是她愛上了軍中生活：身心挑戰、社交面向、責任感、軍隊一貫重視的人與發展。這次經驗為她開啟更多機會和技能（「我甚至學會用一把叉子闖入寶馬迷你車〔Mini〕」），要不是如此，這名來自薩默塞特（Somerset）綜合中學的平凡女學生根本不會接觸到這些，而她更在二十五年後的今天，打造整間學校的軍官課程。

我問她這是什麼感覺，她報以大大的笑容，以及一句真心的「我滿意到飄飄然。」她珍惜這個角色，理由和她當初想入伍的初衷一致：引導他人做到最好。那她建議怎麼做？

她解釋就是「留下訓練，而不是淘汰踢走」，挖掘他人身上的潛能，給予他們發展的機會，而不是去找已經能看出成果的人，然後淘汰其他人。特訓需要良好體能與紀律，同時也著重決策力、驅動力和溝通力等軟技能。身為士兵，你得在必要時刻達成艱難任務，但士兵主要的工作是發展清晰的計畫和溝通，不光是捉壞人，還要捉住別人的心靈與思想。基本上，她說一切都要回到價值。軍隊有一套價值觀——勇氣、紀律、尊重他人、正直、忠誠和無私奉獻。她的任務就是讓學生牢記在心，正是這些價值，讓一名士兵不只是士兵，而是英國陸軍士兵。

「要是你因為毛衣上有團毛球，晚上被罰站在外面，就代表你沒有良好紀律，在檢查前確認你的裝備完善，即便是很微小的一件事。如果這件小事發生在另一個狀況——例如忘記幫武器上安全栓，槍支不慎走火，害死某個人——你就明白我們的用意了。我們所做的一切都是為了讓自己成為更優秀的士兵。」

她以「多喝茶」來總結她的領導風格：離開辦公桌，花時間與軍隊相處，泡一杯茶聊聊他們的近況，精神與身體都同在戰壕裡陪伴他們。她在桑德赫斯特時，經常全副武裝跟著軍隊特訓慢跑，因為已得知哪些人有困難，所以她會盡量跑在他們身旁，提出問題，了解情況，看是否能幫得上忙：「這方面我還挺像帶著小雞的母雞。」

擁有價值，活出價值，協助他人也能達成任務，這就是好士兵的特質。但露西認為人生也是如此：

「對我而言，就算過得辛苦，就算沒人在看，人生的意義就是做對的事。如果你明知故犯，得過且過，就等於在欺騙損害你的人格。如果你做對的事，無論結果如何，你的信心都會增加，人生也會因此更美好。所以一定要時時對自己誠實，永遠都要挑對的事做。」

是的，長官。

Life is about

DOING

the

RIGHT THING

on a difficult day, when no one is looking.

「就算過得辛苦，就算沒人在看，人生的意義就是做對的事。」

Anthony Michael BOURDAIN

"If you're forty-four years old like I was, and you've fucked up your life in every way like I had, make sure you recognise a lucky break when you get one"

名廚　安東尼・波登

安東尼．波登牌瘦高毒舌磨人爐 11

昔日的壞小子安東尼．波登（Anthony Bourdain）集主廚、作家、電視主持人於一身，如果你讀過他撰寫的餐廳解密書《安東尼．波登之廚房機密檔案》（*Kitchen Confidential*），相信你已經知道他說不要挑週一訂魚。在此我增添幾則他最近送我的智慧箴言，原汁原味呈現，我只能說，我真的非常慶幸提前赴約。

一、給我他媽的準時出現

「我很守時，這大概是我學到最受用的功課。守不守時是我對你人格的初步認識：你是那種說到卻做不到的人嗎？守時是我對廚師的首要要求。如果你連這點都辦不到，那我教你做荷蘭醬只是浪費時間。在人際關係上也一樣，你是否有尊重我，準時赴約？如果沒有，我們之後問題就大了。」

二、在廚房工作能導正你

「我曾經是個出身郊區，被寵到無法無天、自戀懶散、耽溺自我的中產階級死小孩，要是我順著本性發展，就會走上混亂失序、自我毀滅和沉淪上癮一途。可是在廚房工作迫使我要自律，不能失控下去。我十七歲那年從洗碗工開始做，或許我確實花了三十年，但我就是在廚房學會長大當個大人的。」

三、對服務生要有禮貌

「如果你對服務生和飯店人員態度惡劣或輕蔑，你跟我就玩完了，就算沒玩完，你也會頭破血流——我們在一起的時間會很有限。因為要是你把服務人員當垃圾對待，那就是真實的你：即使你現在沒這麼對我，將來也會。」

四、別跟王八蛋合作

「如果你不喜歡你的工作夥伴，就會他媽的難熬。就算有賺頭也沒什麼價值，因為你的人生是黑白的。如果你一直跟王八蛋合夥，最後就會死於心臟病。你知道我在說哪些人，就是你一看到他們的來電顯示號碼就心想『該死，我不想跟他講話』的那種人。我奉勸你，別跟這種人做生意，麥可・柯里昂[12]（Mickey Corleone）說過：『與個人無關，就事論事。』鬼扯，哪件事跟人無關。」

五、要是你是廚師，你誰都別想唬弄

「廚房就是一個非黑即白的世界：你要麼可以在三小時輪班內弄出三百份班迪尼克蛋，要麼就是辦不到，只有這兩種。你可能到處吹噓你有多強多好，但我們會發現這是不是真的，無論你之前之後說什麼都沒意義。但如果你真的很強，身價就會提高。這就跟黑手黨一樣：如果你殺八個人，你就是人才。」

六、要是你運氣好得到突破的機會，好好利用

「假如你跟我一樣，在四十四歲那年全盤搞砸人生，而這時如果出現幸運的突破機會，就要好好利用，我的書就是這樣誕生的。接著要好好努力別搞砸機會，因為大多數的人都會得意忘形。幸好我沒這麼做。我這人胸無大志，只懂努力工作，避開王八蛋，每次都準時出現。」

七、別太混帳

「如果我到你家，你請我吃一樣我不太愛吃的東西，我會微笑，默默吃掉。盡量當個好客人，要感恩，當好人，別太混帳。」

八、避開嬉皮

「嬉皮，我超討厭嬉皮，我也討厭他們的音樂。鬥志沉淪，會養成不好的工作習慣，而且他們從來不準時。」

就如我剛剛講的，我真的很慶幸提早赴約了。

11・美國品牌喬治福曼（George Foreman）出品的烤肉爐，原名為 Lean Mean Grilling Machine，台灣譯為「拳王智烤爐」，作者在此借用為標題玩雙關，形容安東尼・波登 Lean（瘦長）、Mean（毒舌）、Grilling（折磨人）。

12・麥可・柯里昂，電影《教父》（Godfather）裡的教父接班人。

If you're forty-four years old like I was and you've

FUCKED

up your life in every way like I had,
make sure you recognise a lucky break when you get one,
like I did with my book. Then work really hard at not

FUCKING

it up because that's what most people do when they get lucky.
I managed to avoid that. I didn't have a plan,
I just worked hard, avoided

ASSHOLES

and always turned up on time.

「假如你跟我一樣，在四十四歲那年全盤搞砸人生，
而這時如果出現幸運的突破機會，就要好好利用，我的書就是這樣誕生的。
接著要好好努力別搞砸機會，因為大多數的人都會得意忘形。
幸好我沒這麼做。我這人胸無大志，
只懂努力工作，避開王八蛋，每次都準時出現。」

Alexander

McLEAN

*"The lowliest-looking person
is filled with gifts and talents beyond your imagination.
Love such people as yourself."*

非洲監獄專案創辦人　亞歷山大・麥克林

與亞歷山大・麥克林探監

駕駛把車停在一片散立於焦炙泥地的泥土屋旁，然後熄火，宣布我們到了。我說不可能是這裡，這裡沒高牆，也沒有柵欄。「為什麼要有圍牆？」駕駛對我的話感到困惑，問道：「根本沒地方讓囚犯逃啊。」

我隨著非洲監獄專案（African Prison Project，簡稱 APP）的創辦人亞歷山大・麥克林（Alexander McLean），在烏干達和肯亞進行的十大監獄之旅，徹底粉碎了我對非洲監獄的想像。這座監獄農場是我們的首站，正式來講是北烏干達鄉下的遼闊草原，一個鳥不生蛋的地方，我們在沒有鋪砌的馬路上開了五小時車才抵達。但說真的，完全沒有圍牆？

亞歷山大解釋，高牆非但不必要，當地居民也比較喜歡這樣，因為他們就能使用監獄的水井。我壓著監獄水井的幫浦時，排隊隊伍整齊站在前面，不只獄友，還有學童，這兩組人馬穿著各自的制服，開心等著輪到水井汲水的時刻，這場景在西方國家根本難以想像。

稍後，我們繞著空地走時，有一名囚犯蹦跳上前，講著我聽不懂的當地方言，但有件事很清楚：他看到亞歷山大時非常興奮。隨行的監獄官幫我們翻譯：「他說亞歷山大・麥克林救了他一命。當時亞歷山大探視這個等著執行死刑的囚犯，幫他爭取到上訴機會。等到上訴那天，亞歷山大換下自己的西裝、襯衫和領帶，跟死囚對調，換上對方的破爛囚衣，好讓他能體面地站在法官面前。最後上訴成功了，這名死囚再過幾天就能恢復自由身。」

我轉向亞歷山大，確認故事的真實性，他嚴肅謙遜地頷首確認。我好奇追問，西裝後來有拿回來嗎？他用審慎略帶樂觀的語氣回答：「我想還沒有，但我很確定他有天會還我。」

這一小段對話充分捕捉到 APP 的工作重點，以及亞歷山大對該專案無條件的付出。APP 深入完全不具備（或微乎其微）醫療、教育或司法設施的監獄，直到監獄設立保健中心、圖書館，安排老師和律師後才離開。他們降低部分監獄的死亡率，成果達十倍；透過各種程度的教育，指導不識字的獄友（還有囚犯拿到法律學位，後來回來幫其他獄友打官司的案例）；他們更逆轉無數死刑判決。改變規則還不足以說明 APP 所做的事，亞歷山大是創辦人兼領導人，他為了這個專案全力付出，甚至做好心理準備，隨時可能輸到脫褲。

事實上，這還不是亞歷山大為了這個專案，賭注全下的最佳例子。事情發生在我們去拜訪小鎮附近的一座安全管理監獄，那裡的狀況很棘手。我去看了一間安頓兩百八十名男人的開放式牢房，因為沒有足夠空間讓他們同時躺著，他們得輪流睡覺和坐著。比這更可怕的是肺結核「病房」，所謂的病房只是一間空蕩蕩的陰暗水泥房，用來隔離染病的人。我和我朋友遠遠站在走道上，擔心自己也被傳染時，亞歷山大直接走進去，查看一名病重的男人，他雙手雙膝著地，拿出一小塊布，擦拭男人的眉毛照顧他。我真的沒有太誇張，心想：這是耶穌會做的事吧。

亞歷山大對他的信仰很虔誠，他第一次參訪非洲是十八歲的時候，那時他到烏干達一間收容所擔任義工。在那間醫院工作時，他注意到被送進來的囚犯通常都用鏈子綁在床上，也沒有接受治療。他忍不住想，要是他們在醫院的情況都這麼糟了，那監獄裡的狀況會是怎樣？於是他想辦法進入一間監獄一探究竟。監獄裡的情況駭人到他覺得自己勢必募款，蓋一間簡單的保健中心和圖書館。他的努力在一年內讓死亡率從一四四人降至十二人，自此之後，就沒有停下來的一天。

亞歷山大指出，這些監獄裡的犯人絕大多數是因為貧窮才犯罪：偷竊食物、沒繳清債務、四處流浪（聽起來很像英國作家狄更斯故事裡無家可歸的「罪」），大多數人甚至沒經過審判就直接還押候審。烏干達憲法載明，出庭最多不會等超過六個月，但目前平均的等待時間是兩年半。結果是：監獄人滿為患，關的幾乎都是無辜的人。情況真的很讓人沮喪。亞歷山大的工作為這些監獄帶來希望；對於人，無論有罪無罪，他當然沒有差別待遇，而是以他們全都同為人、全都值得活下去的角度出發，就算有時萬不得已，也應該帶著尊嚴死去。但更重要的任務，就是給予沒機會翻身的囚犯改頭換面的機會。無論他們得在監獄裡待多久，他都希望他們有改變的機會，而不是只有絕望。我遇到不少本來在死刑名單的囚犯後來變成律師，協助其他獄友，也有剛從獄友訓練變成老師的人，為已定罪的囚犯上英文課，所以我知道轉變是可能的。他真的是很棒的人，為最陰暗的角落帶來陽光。他的人生更彰顯出他的忠言：

「出身卑微的人擁有的天賦與才華其實超越你所想像。像愛自己一樣去愛他們吧。社會邊緣人不用別人替他們解決問題，他們只需要一個可以自己解決問題的機會。而這麼做的同時，他們往往也解決了其他人的問題。」

The

LOWLIEST-LOOKING

person is filled with gifts and talents
beyond your imagination.
Love such people as yourself.

「出身卑微的人擁有的天賦與才華其實超越你所想像。
像愛自己一樣去愛他們吧。」

Edna

O'BRIEN

"Never forget what bestirs you."

作家　艾德娜・歐布萊恩

文壇第一把交椅：艾德娜・歐布萊恩

色彩猶如婚禮蛋糕、雅緻的倫敦肯辛頓區（Kensington）街道上，可以看見整齊簡樸的聯排屋末端，佇立著一間模樣更簡單的小木屋，就像一個從鄉下來到城裡探望有錢親戚的友善表哥，那間木屋就是艾德娜・歐布萊恩（Edna O'Brien）溫暖卻略微老舊的家。

這名才氣縱橫、以愛爾蘭為傲的作家寫了撼動世界的《鄉村女孩》（*Country Girls*）（之後更出版了二十餘本著作），被美國小說家菲利普・羅斯喻為「現代英語文壇最有才氣的女作家」。

我去見艾德娜時，正好是決定命運的脫歐公投前三天。我們坐在起居室，周圍擺放著寫作用的紙筆文具，分享對「投票脫歐」運動的擔憂，人們用真假參半的話語和毀謗貶抑專家，試圖分化國家。

艾德娜覺得這些戰術顯示了一個更廣泛的長期問題，「似乎說話愈大聲，劇本寫得愈齷齪或難聽，效果就愈好，這世界無所不在的殘酷與野蠻讓我覺得可怕。」不幸的是，艾德娜本身也曾經遭遇這種狀況。她的第一部小說《鄉村女孩》曾在愛爾蘭遭到焚燒，被當成禁書，讓她成為全國人民的箭靶，只不過因為她以動人手法描寫年輕愛爾蘭女性的性覺醒，但現在的她，卻被愛爾蘭尊為首屈一指的作家。

要緩和這種無所不在、日漸增加的惡毒言論，她告訴我們一個解決方法，就是用更多時間思考與反省，別不加思索照單全收，而沒有去意識到自己的一言一行。「大腦很膽小，讓我們很多時候都做出下意識的動作。我們停不下來，喪失了反思能力和專注力。」想要重新取得反思能力和專注力，就需要多閱讀，最好是優良的文學著作。「這不是菁英主義，也不無聊，閱讀能加深人類天生的智力，讓腦袋變敏捷。我沒讀過大學，但我每天都看書，或者重讀優秀作品。我把這當成個人訓練，就像拳擊手每天都要打沙包。」

她訓練有成，現年八十五歲上下的她是國際文壇公認的重量級選手。她最近一部著作《小紅椅》（*The Little Red Chairs*）獲得作家生涯的最高評價，更證實了滾石不生苔。

但這樣的高品質文字得來不易，「我對細節很講究，要求絕對精準，這是一定要的，如果什麼都隨便，我就寫不出這樣的作品了。」這樣的人生也許很孤單。「如果你問我，是有伴比較好，還是自己生活好？我會告訴你孤獨能磨出好作品，哀傷卻會積少成多。我寫作時，不會有人把餐盤擱在我門外。」

這可不是抱怨。聰明才智、魅力與美麗兼具的她不乏追求者，她有過一段婚姻，所以知道婚姻生活是什麼模樣，她也是她深愛的兩個孩子的媽。寫作是她年輕時代就有的夢想，如果她必須在文學生涯和幸福的家庭生活之間做選擇，她還是會選擇寫作。但她大方坦承：「我想要的是一個兼職老公或伴侶，所以如果你認識願意接受這挑戰的人，告訴他來找我。」

她是個熱情洋溢的女人，言談間充滿強烈的情感與堅定的見解。艾德娜也很幽默風趣，講到社群媒體不斷的喧鬧——「我寧可跳窗，也不要推特」——更痛斥商界菁英「貪婪無厭，除了錢，還要更多錢」，甚至在準備發表更深入的看法時，告訴我「少開口」。她充滿生氣，耀眼而叛逆，而這得益於她的寫作生活，實現童年想成為偉大作家的抱負。

因此她的忠告很恰當，就是一首生命之歌，唱出勇於追隨年輕時代的夢想。

「我要告訴每個胸懷大志的人，記得保持純真，莫忘初衷。開放面對世界帶給你的驚喜、奇蹟和恐懼，同時對你最初的渴望保持信念，永遠別忘了驅策你的原動力。」

假如我只能給你一個忠告

NEVER FORGET

what

BESTIRS

you.

「永遠別忘了驅策你的原動力。」

Nitin

SAWHNEY

"Do not let others define you and your life.
Do not be defined
by other people's expectations of you."

音樂家、製作人、作曲家、DJ　尼丁・索尼

難以定義的尼丁・索尼

不論你在找的是世界知名佛朗明哥吉他手，或者你全新製作的好萊塢電影要找古典作曲家寫配樂，或是需要演奏會等級的鋼琴家到皇家阿爾伯特音樂廳（Albert Hall）表演，或是為英國廣播公司（BBC）最新情境喜劇找演員，替夏奇拉（Shakira）下一首新歌找詞曲創作者，或者需要一名電音碎拍DJ到法布雷克夜店（Fabric）擔任壓軸，統統打給尼丁就沒錯了。尼丁・索尼（Nitin Sawhney）這個人感覺蠻不可思議的，作家、製作人、音樂家、作曲家，不管是什麼他樣樣包辦。而這還只是音樂方面，如果你有需要解的數學難題、待處理的法律問題，或者對這一年的帳戶有疑問，身為訓練有素的數學家、律師和會計師，以上他都能幫你解決。用「才華洋溢」四個字形容他根本不夠。

我正在他的錄音室裡，這裡前身是製乳場，位於布里斯頓（Brixton）主要大街後方。來這裡的路上，我剛走過甫離世的大衛・鮑伊（David Bowie）紀念牆，大量的哀悼文字和特地前來朝聖的人潮，提醒了我一個簡單的事實：對許多人來說，音樂就是生命，或至少是生命最美好的一部分。

尼丁·索尼同意這點。他描述小時候有天發現家裡出現一架破舊老鋼琴的情形：「那真的是我人生中最快樂的一刻，我無法不去碰鋼琴，敲打琴鍵的感覺就像各種可能性的大爆發，我能聽見許多色彩，裡頭蘊藏各種表達的潛力。」

打從年紀很小開始，他就有好多想法想表達。

尼丁的童年背景是一九七〇年代的肯特郡（Kent）羅徹斯特（Rochester），當時那裡是英國極右派政治組織「民族陣線」（National Front）的核心地區，種族歧視風氣盛行。即使稱不上全校唯一，但尼丁至少是他這年級唯一的亞洲小孩。「我飽受暴力欺凌，碰到很多種族歧視的問題，在那裡的日子很難熬，總感覺自己像外人，但這種環境卻讓我不斷思考，我必須找到出口。」而那台鋼琴，還有音樂，讓他找到了出口。

童年時期另一個較正面的影響來自他母親，這也能夠解釋他為何多方涉獵音樂。尼丁的母親是一名印度古典舞舞者，從各式各樣的藝術形式和音樂類型取得靈感。她告訴尼丁，人們在不同藝術類別間劃分的界線不過是想像出來的，所有音樂與藝術形式都純粹是表達，根本不需分門別類。

某種程度上，尼丁在職業生涯中，必須力抗非得對他的作品分類不可的世界。他記得被提名水星音樂獎（Mercury Prize）後，曾在一間唱片行看見陳列該年的十一名入圍者作品，唯獨沒有他。於是他詢問原因，得到的答案是：「尼丁．索尼做的是世界音樂，所以只有那個區域有在賣。」

還有一次，某位記者死纏爛打問他，身為「亞洲地下音樂領袖」是什麼感覺，尼丁說他不懂這個問題，記者繼續追問同樣問題時，他說：「我向他解釋，不管他的問題究竟是什麼意思，我做的純粹是音樂，不是亞洲音樂，也不是地下音樂，我也不是任何領域的領袖。」那位記者結束訪談後，寫了一篇文章，批評尼丁惹人厭。

尼丁的哲學和忠告不脫他這些經驗，引領人們抵抗社會急著貼上的標籤和分類：

「別讓別人定義你和你的人生，別讓他人對你的期望定義你的人。別讓時間、你做過的事

定義你，因為那些都已成過去式；也不要讓野心定義你，因為野心屬於未來。調整好自己，隨時隨地都要當真實的自己，這就是你的定義。找出能讓你的靈魂快樂的事物，然後去做。這是屬於你的自由，能夠給你穩定的力量，去對抗一個試圖用某種方式操控你或分類你的世界。」

尼丁·索尼，誰能定義。

Do not let others

DEFINE

you and your

LIFE

Do not be

DEFINE

by other people's expectations of you.

「別讓別人定義你和你的人生，別讓他人對你的期望定義你的人。」

Jo

MALONE

"When bad things happen you can either let them beat you or you can stand and fight. And if you do, you can always turn things round."

Jo Malone 香水創辦人　喬・馬龍

喬・馬龍的精華

老天要下紅雨了：倫敦居然出太陽！所以，我們決定點粉紅葡萄酒慶祝。有一籮筐酒款可以選，各種都任你試飲。喬・馬龍（Jo Malone）舉起玻璃杯品嘗，我以為她要喝，但其實她只是試聞每一杯酒的氣味。我事後一想：當然啊，她可是喬・馬龍。喬・馬龍是世界最赫赫有名的香水製造商之一，她成功創立的國際香氛公司目前不只一間，而是兩間。大多數人都聽過她的名字，知道她故事的人卻屈指可數。若要她用一句話濃縮故事精華，那就是：「用酸檸檬擠出一杯美味檸檬汁。」

喬說她是來自英國貝克斯利希斯（Bexleyheath）的中產階級女孩，她有讀寫障礙，但發展得還算不錯。也許她有製作香水的天賦，正是因為她的讀寫障礙症——「我的大腦跟別人不同，我看得見質感和顏色，能夠將它們轉譯為氣味與香氛」——但她首次勇闖美妝產品世界背後的原因卻很沉重。喬十一歲時，媽媽經歷嚴重的精神崩潰，社工人員說，要是她母親住院，喬和妹妹就得讓人領養。然而，喬不可思議地成功說服社工人員，她能擔起照顧家人的責任。為了賺錢養家，她記得那時看過她媽媽怎麼做露華濃（Revlon）保養品：

在家製作面霜，賣給富勒姆區的有錢小姐，所以她就照做。結果奏效了，她賺的錢夠讓她養家，直到母親復原。**「我很小就學會一件事，要是壞事發生，你要不是任情況壓垮自己，就是起身奮戰。而要是你反抗，情況絕對會翻盤。」**

第二段早期的童年經驗也對她深具影響力：喬有次因為偷瞄同學的試卷（喬有識字困難，所以根本看不懂試卷問題），被老師罰站在課桌上。「我真的覺得太丟臉，她還在全班面前說：喬．馬龍，如果妳作弊，未來就休想有成就。」喬回憶這段往事時，雖然已事隔將近四十年，但還是看得出她很激動。「我這輩子永遠都記得那一刻，這件事沒有讓我內心充滿怨懟，但我把它當作動力，激勵我自己。我記得在我小小的家裡從窗戶望出去時心想：『她錯了，我的人生會有成就，我才不會在原地踏步。』」

當然她的童年不只有這些負面的回憶，她還開心地記得父親的事：「他是個很棒的人，只是不知道怎麼照顧家人。」他的人生圍繞著三件事，對喬的成功都有很大的幫助：他既是藝術家，也是市集商，更是一名魔術師；他工作時，喬都跟在他身邊。

「週六早上，我會跟他去市集幫忙賣畫，晚上擔任他的魔術助理。我有隻叫『喜喜』的白鴿寵物，我爸會把牠從一盆火中變出來。」這些經驗都教會她做生意的訣竅，知道怎麼運用故事和些許魔法擄獲人心，而在她打造的感官與驚喜兼具的繽紛世界，這些都是關鍵成分。有好有壞、各種不同經驗的融合，造就了喬的人生觀：「回頭一看，我發現一切都環環相扣，生命沒有一丁點浪費，你可以從任何事變出正面。」

三十五歲左右，她被診斷出乳癌，無疑是對她積極人生觀的終極考驗。她接到消息時，正穿戴著她最美的套裝和耳環，準備參加一場華麗的夏日派對。醫生告訴她，這是他見過最具侵略性的乳癌情況，她只剩九個月可活。喬・馬龍對抗到底的本能並沒有立刻浮現，這種想法稍後才出現；當時喬坐在床上流淚，兩歲大的兒子還天真地問媽媽為什麼在哭。「一想到要離開兒子，我就全身充滿鬥志。我暗自想著：『沒人能定我的死期，我的死期由我決定。』」

她感謝丈夫給她的有力忠告：「他告訴我要用當初創業的精神對抗癌症，這句話一直停留在我腦海。我知道如果我的公司遇到麻煩，我一定會找最好的律師。於是我就去找最好的醫生。」三天後，喬搭上一架飛往美國的班機，接受醫術高明的腫瘤科醫師治療。整整一年下來，她每五天就承受一次化療，這十二個月疲竭到令人難以相信，但她撐過全程。「化療最後一天，我穿戴上那套本來要穿去派對的套裝和耳環，奪回癌症從我手中搶走的那一天。」

擊敗癌症很明顯是她克服過最大的難關，但喬講到拱手賣出公司時，也讓她很心痛。她不但感覺到一般企業家離開公司時的失落感，也難過未來再也不能繼續用自己的名字創立品牌，畢竟現在喬·馬龍的名字已經歸屬新公司，而她再也不能做她最愛的工作：製作香水。那她怎麼辦？一等到她的競業禁止合約期滿，她就打造第二個香水王國：Jo Loves（喬之愛），一次誕生一間店、一款香水。她的忠告反映出畢生不屈不撓的精神，以及拒絕外界環境對她的宰制。喬建議我們應該要記得，真正能夠掌控命運的人是自己。

「無論情況有多糟，最重要的都是你自己。你永遠有三個選項：改變現狀，接受現狀，改變你對現狀的心態。你有力量選擇對自己最好的做法，絕對不要讓其他事物或別人的意見取代你個人。絕對不可。」講到最後一段話時，她充滿氣魄與熱情。顯然，要是你能得到喬的精神，裝瓶，就能大賺一筆。

I learnt early that when bad things happen
you can either let them beat you or you can stand and fight.
And if you do, you can always

TURN THINGS ROUND

「我很小就學會一件事，要是壞事發生，
你要不是任情況壓垮自己，就是起身奮戰。
而要是你反抗，情況絕對會翻盤。」

Bear
GRYLLS

"It is not the most masculine,
macho, or the ones
with the biggest muscles who win."

英國探險家、主持人　貝爾・吉羅斯

天生求存者：貝爾・吉羅斯

曾登上聖母峰的前軍人貝爾・吉羅斯（Bear Grylls），為世界知名的生存專家兼冒險家，如果你以為他當過兵，又好幾次跟死亡擦身而過，所以很有男子氣概，這我不會怪你——但這不是真相。我不會蠢到說貝爾軟弱，尤其現在他還坐在我對面，但貝爾擁有你不會期望在典型的空降特勤隊員身上看到的溫暖與溫柔。

貝爾對好幾百名老師講述他年輕攻上聖母峰的故事（當時他才二十三歲，兩年前他跳傘發生意外，脊椎碎裂，醫生告訴他可能再也無法走路），分享他的驅動力與毅力從何而來，之後我們到後台閒聊。有趣的是，當你聽他聊自己的冒險事蹟時，看不出有一絲一毫的誇張炫耀：他對所達到的成就輕描淡寫，英勇事蹟全歸功於他人，把自己描述成不斷在過程中受挫的那個人。

在貝爾的世界，挫折很正常，事實上要是能忍受挫敗，終能成功。

「總會有人比你快、比你聰明、比你高、比你有經驗，但生命的獎賞不一定找上他們，成功也會找上那些毅然決然、堅定不移、不斷前進、能從失敗中站起來、永不氣餒、持續堅持下去、有時單純默默做好自己事情的人。」

跟他一對一說話時，他謙遜依舊，雖然貝爾不屬於害羞型的人，但他給我的感覺是，與其要他去參加雞尾酒派對，還是讓他去爬山比較自在。最重要的是，他很愛家。他說的故事幾乎不脫父母或自己當爸爸的體驗。小時候父親帶他去登山，讓貝爾首次踏入冒險的世界。貝爾很喜歡跟父親相處的時光，而父親則遞給他繩索、傳授技巧給他。「那是我第一次發現自己的專長，我一直不擅長課業，但我可以爬得比其他人高。」這讓他展開「戶外生活，出去探險，弄得滿身泥濘，從事我小時候想都沒想過的工作」。

跟多數工作上需要跟危險打交道的人一樣，對他冒的風險，他也不敢隨便輕忽。他清楚說明他並沒有「征服」聖母峰：「我們沒有征服，只是僥倖登上山頂，逃過其他人沒能躲開的死亡命運。」有四個貝爾認識的人死於那趟登頂挑戰。

貝爾轉換氣氛，告訴我在他經過三個月驚心動魄的遠征，好幾天在死亡地帶差點缺氧，心知肚明每走一步都可能是最後一步後，成功完成聖母峰攻頂。他得意地拿了一張他在峰頂拍的照片給老媽看時，她只瞧了一眼，說：「噢，貝爾，要是你梳一下頭髮，這張照片會好看很多。」

「天下的媽媽都是一樣的。」他微笑訴說這段回憶。

對於自己忍耐危險困境的能力，他說部分是信仰的因素。他指出：「在死亡地帶，沒有無神論者。」他沉靜的基督教信仰不只遠在山上，更存在於日常生活裡。「我知道不能光靠自信，單憑自己我不夠強，但去相信還有比我更強大的力量，我就能獲得更多力量，所以我每天展開一天前，都跪著默默尋求協助和智慧，並且為昨天做錯的事道歉。」

他沒有狂熱鼓吹信仰基督，態度還是很開放。不得不說，這是宣傳上帝的大好機會。有次他心目中的英雄歐巴馬總統來上他的節目《名人荒野求生》（Running Wild），要大家關注氣候變遷問題，貝爾不但告訴總統先生與熊私通的危險及喝尿的好處，還問他能不能一起禱告。歐巴馬總統本身也是基督教徒，跟他一樣信仰家庭價值，當然一口就答應他。

即使貝爾信仰虔誠，真心對待家人和朋友，但出人意料的是，他有時會因為個人的電視節目而成為攻擊的箭靶。有人痛批他的節目鼓吹男子氣概，非要流血流汗、淚流滿面才是真本事。貝爾說他沒時間管這些負面批評，只表示如果覺得他的節目宗旨如此，那他們真的搞錯重點了。事實上他說這個節目一直想要告訴大家的，是以下這則最佳忠告蘊藏的訊息：

「並不是最強壯、最有男子氣概或肌肉最大塊的人才是贏家；真正的贏家，是那些懂得照顧別人，在困境中依然保持樂觀，性情善良、堅定、正面的人。這些都是對你有幫助的特質，不只讓你撐過人生困境，更能享受人生，而這些都跟性別無關。真正成功的都是平凡人，只是他們會更拚命，別人要求的事他們會努力多做一點，多做到那五%。」

It is not the most masculine, macho,
or the ones with the biggest muscles who win.
t's those who look after each other,
who remain cheerful in adversity,
who are kind and persistent and positive.
These are the characteristics that help you,
not just to survive life but to

ENJOY IT

And they're nothing to do with gender.
The people who are successful are the ordinary ones
that just go that little bit further,
who give a little more than they are asked to,
who live within that extra five per cent.

「並不是最強壯、最有男子氣概或肌肉最大塊的人才是贏家；
真正的贏家，是那些懂得照顧別人，在困境中依然保持樂觀，
性情善良、堅定、正面的人。這些都是對你有幫助的特質，
不只讓你撐過人生困境，更能享受人生，而這些都跟性別無關。
真正成功的都是平凡人，只是他們會更拚命，
別人要求的事他們會努力多做一點，多做到那五％。」

Dambisa

MOYO

"I tell myself that I am going to go out there and face it and not curl up in a ball because somebody said something or thinks that I couldn't be or do something simply because of who I am."

經濟學家　丹碧莎・莫尤

丹碧莎・莫尤的教育

如果你想找一個典範，說明教育可帶來的轉變及非洲的無限潛能，那麼你可能找不到比全球經濟學家兼暢銷書作者丹碧莎・莫尤（Dambisa Moyo）更適當的人選。她在後殖民時期的尚比亞出生長大，以牛津大學博士與哈佛工商管理碩士的學歷，加入巴克萊銀行（Barclays）董事會，被《時代雜誌》（*Time Magazine*）列為全球最具影響力百大人物。四十年後，這名擁有足夠力量撐起老家非洲的犀利女性，就坐在我正對面。

她清楚說明當初是怎麼從自己的出生環境走到今天。「我人生的關鍵就是能夠上學。」她加入背景解釋：「聽著，我沒有出生證明書，因為我出生的那個年代，黑人沒有出生證明書，所以你可以想見女孩子去不去上學都不重要。」但她父母不同，即使他們生在一個黑人求學有所限制的國家，他們卻知道讓丹碧莎接受教育有多麼重要。「他們說：『妳必須去上學，我們不曉得妳對上學是什麼感覺，但妳一定得去，照我們說的做。』這句話永遠改變了我人生的軌道。」

她很感激自己在非洲受的教育，這也是她努力想翻轉的概念，大家下意識錯把非洲想成前途渺茫、需要靠人接濟的大陸。「擠進美國常春藤大學（Ivy League）的黑人，我出生的非洲連同加勒比海島嶼就出了超過九十%。非洲被視為貪腐和疾病、貧窮與戰爭的大陸，但能夠進入這些名校、具世界競爭力的黑人大多來自這塊土地。我小時候在非洲接受的教育，好過我知道的許多西方人接受的教育。」

她擔心這樣的西方社會恐將導致種族鴻溝，雖然黑人與白人住在同一個城市，卻愈來愈疏遠，各過各的生活。「我剛才從一場倫敦梅菲爾區（Mayfair）的商業午餐會趕過來，在場總共有六十人，但我是唯一的黑人，也是唯一的女性。我認識出席的人，也可以用性命擔保他們都沒有種族歧視，但當我環顧四周，還是忍不住心想：『哇，現在都二〇一六年了，而且這裡是倫敦，要是我沒來，場內就連一個黑人或一名女性都沒有。』」

她也很清楚，直接表態的偏見在二十一世紀的今天依舊存在。丹碧莎說了一個讓人震驚的故事，她首次以某家國際大公司新任主管的身分，參加她第一場公開股東會，跟其他十二名董事會同事坐在台上，他們正好全是白人男性。有個女性與會者提出一個刁難的問題：

「我想知道那個女人憑什麼坐在董事會行列裡。」主席解釋，他的董事會成員都具備最高素質，但那個女人很惱怒，要求他回答問題，她憑什麼坐在那兒。丹碧莎的一位同事很快接口代答：「憑她擁有牛津大學經濟學博士學位，哈佛大學碩士學位，在高盛集團（Goldman Sachs）服務十年。妳還想補充什麼嗎？」

我問丹碧莎，被人認為沒有資格出席這種場合，是否讓她覺得很氣。「這就是身為弱勢每天要面對的狀況。你會學到怎麼不去回應，也不讓這種情況定義你。所以我只是坐在那裡心想：『聽著，小姐，我好得很，不用妳為我和我的資格操心。』還有後續呢，等我走下講台時，兩名董事會男性成員對我說：『謝天謝地沒人問我這個問題。』其中一人說他連大學都沒讀過。」

而說到她覺得最寶貴的忠告，這幾十年來令人惶惑的期望，長期對非洲、對女性、對她黝黑膚色抱持的無知觀點，構成了這番建言的背景，回歸更深刻、更根本的面向：

「我知道這麼講很俗氣，但我每天都會望著鏡子，告訴自己要踏出去面對，不要因為別人

說了我什麼，或覺得我因為身分關係而辦不到、無法成功，就縮成一團躲起來。雖然很難，但你要去做。努力不懈，嚴守紀律，專心一志，持續前進。記住一樣米飼百樣人，有的人跟你相似，有的跟你截然不同，有的人為你加油，希望你繼續堅強，證明那些說三道四的人大錯特錯。」

I tell myself that I am going to

GO OUT

there and

FACE IT

and not

CURL UP

in a ball because somebody said something or thinks that I couldn't be or do something simply because of who I am.

「我告訴自己要踏出去面對不要因為別人說了我什麼，
或覺得我因為身分關係而辦不到、無法成功，就縮成一團躲起來。」

Mickey
HART

*"If I was to give one piece of advice
it is this:
life is all about rhythm."*

樂團「死之華」鼓手　米奇・哈特

米奇・哈特的節奏

傑出人士通常都很專注執著，這往往跟他們的領域有關。但沒有人比米奇・哈特（Mickey Hart）更專注，真的沒有人可以超越他。米奇・哈特是六〇年代崛起、至今仍屹立不搖的原創迷幻搖滾樂團「死之華」（Grateful Dead）的鼓手。米奇的專長就是韻律，到現在還是很在行。我們第一次碰面時，我還沒看見他的人，就先聽到他的聲音——猶如敲門的答答節拍聲——接著在我們停駐的瓜地馬拉高地，從點著火的遙遠僻靜角落傳來一陣呼嘯聲。

好奇心驅使下，我前往擊奏聲傳來之處，發現米奇盤腿坐在地上，雙眼闔起，在火前輕微擺動身軀，身旁還有四位馬雅巫師演奏傳統儀式樂器，或吹奏或搖動或敲擊，幾千年來，馬雅人都在雨林密布的山丘演奏同樣的古老節奏與樂音。米奇正在感受這個律動。他千里迢迢飛到這片遙遠土地，為的就是與巫師合奏，永不歇止地尋覓全新樂音與節拍。這就是他的工作，他製造韻律。

具體而言，這個男人家裡有一間特別打造的實驗室，他會戴著特製的韻律安全帽坐在那裡，帽子接上核磁共振掃描儀，測量他演奏出的各個節拍對腦部形成的作用。他也跟美國太空總署合作，聆聽宇宙的節奏，錄下遙遠銀河的節拍與隆隆聲響，他形容宇宙大爆炸就像「第一個音符，宇宙的強拍」。他的工作真的是宇宙級的廣大無際，但都是非常嚴肅的嘗試。他最新一個案子是跟醫師合作，研究不同韻律對疾病帶來的影響：是否有某些頻率會影響不健康的細胞，助長它們生長？若說有誰能找出答案，那就是米奇了。因此他的忠告也不讓人意外。

「如果要我給一則忠告，那就是：生命的一切都跟韻律有關。你的心跳、美好的性愛、季節變化、你多久打一次電話給父母、生活裡的好與壞、你的DNA、宇宙，一切的一切都是一種韻律。你必須培養出一對順風耳，仔細聆聽。你愈是去聽生命的韻律，就愈能聽得見。找出自己的韻律，跟著生命的節拍生活。」接著他回到巫師身邊。他們仍然以出神般的狀態演奏著，召喚古老的先靈、神祇與妖物。米奇虔誠相信巫師，也很尊敬他們的傳統，但他是完美主義者。聽在他耳裡，有東西似乎有不對勁，有一點偏離了。問題出在海螺，更準確來說，是海螺吹奏的方式。米奇知道更好的吹法，於是他要求暫停，透過翻譯解釋這個問題，三兩下就讓五千年的技巧神速進步，巫師臉上全寫滿敬佩。

Find your

RHYTHM

Live your life to its

BEAT

「找出自己的韻律，跟著生命的節拍生活。」

Clare

BALDING

"I've had old-fashioned newspaper critics write, "She's very ambitious", as if it's negative because I am a woman. But I think, "Too bloody right I'm ambitious, why shouldn't I be? Should I want to come second?"

BBC 知名主持人　克萊爾・伯丁

克萊爾．伯丁開講

剛剛好像有人說我是「草食男」。我正跟克萊爾．伯丁（Clare Balding）在一起，我們聊到性別平等，她說草食男變多是件好事，然後一臉認同地看著我。我還真不曉得被當作草食男該做何反應。我想我應該要暗自竊喜，但這樣的話，基本上不就正好證明了她的說法嗎？這也讓她成了肉食女，至少在這段對話裡，確實如此。

當然了，講到主持播報，克萊爾．伯丁是第一把交椅，沒人是她的對手。她曾出現在六屆奧運會、五屆殘障奧運、三屆冬季奧運、兩屆溫布頓網球賽、數不清的賽馬場合的攝影機前，主持過講不完的電視節目和廣播節目。另外，她還出過一本暢銷自傳書，經常公開演講，近期又出版一本童書。你可以感覺到這名野心勃勃女子的努力，不會輸給她專訪過的運動選手。

「野心勃勃」四個字出現時，她稍微陷入沉思：「說來好笑，我遇過很多老派的報紙評論家，他們都說：『這女人的野心不小。』好像我身為女人，有野心是件壞事。但我心想：

『說得太對了，我是很有野心，但有何不可？難不成我想當第二嗎？』」

不巧的是，克萊爾早就不是第一次遇到性別歧視。打出生那天起，她就接觸到性別歧視，一點也不假。「我祖母瞥了眼躺在嬰兒床裡的我，跟我父親說：『噢，是女孩啊，沒關係，你們繼續努力吧。』」這個故事徹底說明了克萊爾的家庭背景，她不斷聽家人說女生成不了大事，女生就該有女生的樣子。幸好這對她造成反效果，從那刻開始，她就證明家人都錯了。

散發同性戀恐懼症的環境背景，也是她必須去逐漸習慣的一件事。「很多人會在社群媒體上對我丟石頭，那些石頭都刻著『死Ｔ』字樣。她花了七年時間才對父母出櫃，因為『我太在乎女同性戀的羞恥，但最後我知道擺脫不了這種羞恥，於是醒來。』她建議還深藏衣櫃的人趕緊出櫃，「你這麼做不是在保護自己，也不是保護別人，而是在保護偏見。要驕傲，千萬不要羞愧。」她樂觀地認為這個世界愈來愈能接受同志，並提到她跟五歲姪女最近一段窩心對話：「她跟我說：『克萊爾阿姨，妳結婚了嗎？』我說：『對，我結婚了。』她又說：『所以女生可以跟女生結婚，男生可以跟男生結婚嗎？』我告訴她：『當然可以啊。』接著她說：『哦，那很好啊，對不對？』對這一代來說，同性結婚會是件稀鬆平常的事。」

跟她的野心與樂觀一樣，你也能從她身上看見一個對什麼都感興趣的女人。這正是她給的主要忠告之一：「你做的每一件事，都是一次學習機會，每個人都有可以分享的故事，如果你認為別人笨，是因為你問錯問題。」克萊爾天生就充滿好奇，她找到一份真正適合她的職業，需要她不斷研究、訪問、播報。

每次活動她都很認真，播報主持獲獎也當之無愧。她認為，播報的目的就是幫助在家看電視的觀眾，體會到她在現場的感受。「很類似虛擬實境，只差沒有3D眼鏡。」根據克萊爾的說法，要做到這個程度就必須忘卻自我：主播不重要，重點是你身邊正在發生的事。另一個關鍵就是詞彙，你必須快速簡單拼湊出具感染力的句子。她的訣竅是大量閱讀文學，尤其是詩，這樣她就有文字庫存，將眼睛看到的東西，化成生動文字。

或許是巧合，但她最寶貴的忠告就是關於語言文字，還特別提到形容詞：

「在人生路上，我們並不是外表展現出的模樣，不是我們的性別、性向、宗教或種族，而是我們的行為及對他人造成的影響力。思考我們能對他人造成什麼影響，其中一個最好的方式就是使用形容詞。我問自己：『我想成為什麼樣的人？』但要用形容詞說，不是名詞。是仁慈嗎？健康？還是野心勃勃？用這種方式進行思考是否能讓我收穫更多？更心滿意足？我想應該可以。」

這是思考個人成長的一種創意方法，而這讓我又想到另一個問題：「草食」是形容詞嗎？

I've had old-fashioned newspaper critics write,
"She's very ambitious",
as if it's negative because I am a woman.
But I think,

TOO BLOODY RIGHT

I'm ambitious, why shouldn't I be?
Should I want to come second?

「我遇過很多老派的報紙評論家，
他們都說：『這女人的野心不小。』好像我身為女人，有野心是件壞事。
但我心想：『說得太對了，我是很有野心，但有何不可？
難不成我想當第二嗎？』」

Nancy HOLLANDER

*"Whatever you do, do it with intent.
Just one good kick and one good punch is better than
twenty you didn't have any intent behind."*

律師　南茜・霍蘭德

柔術律師：南茜・霍蘭德

我正坐著跟歌利亞[13]的剋星大衛喝薄荷茶，但大衛跟我想像的不太一樣。第一，「他」是女的。第二，她是美國人。最後一點，她個頭嬌小，已經七十二歲。

你可能沒聽說過南茜・霍蘭德（Nancy Hollander），這對你來說其實是好事，畢竟她是美國的刑事和民權律師，除非你陷入麻煩，不論對錯，否則不會接觸到她。不過要是沒有她，我們對世界的一個陰暗角落就不會有如此深的認識：關塔那摩灣監獄（Guantánamo Bay）。

美國政府於布希執政時期，在海外設置關塔那摩灣監獄；南茜・霍蘭德是兩名監禁在那裡的囚犯的辯護律師。推敲政府設置的用意，不僅是監禁涉嫌恐怖主義活動的嫌疑犯，更在沒有指控的情況下，直接違反憲法與人權，無期限也無合理解釋地用盡各種折磨手段囚禁犯人。然而，南茜很清楚一件事，那就是法律高過政府，也因此她替客戶打了十四年硬戰，逼美國政府遵守國家法律。這場戰爭雖然歹戲拖棚，但她正在贏的路上。

身為戰略高手，她一手策劃出成功戰略，幫客戶薩拉希（Mohamedou Ould Slahi）爭取到權利，出版他的《關塔那摩灣監獄日記》（*Guantánamo Diary*），這本回憶錄敘述非常規引渡、黑暗場所、野蠻毆打、酷刑和性羞辱，歷時十四年的囚禁日子。內容閱讀起來不太舒服，對美國政府來說，尤其難堪。這本書出版後引起轟動，不僅讓大家關注到監牢裡的虐待情況，更注意到薩拉希的真實處境，他在並未控告有罪的情況下，被囚禁在關塔那摩灣超過十年，即使關塔那摩灣的前任檢察長已經公開說明，並沒有證據指出薩拉希對美國有任何暴力犯罪行為。

他的官司，或根本算不上官司，令人不安地說明了南茜一直持續對抗的不法行為。

但她成功打贏這場官司：經過近十年的抗戰後，在本書即將送印之際，她爭取到同意釋放薩拉希，只是日期有待商榷[14]。而她的工作並沒有就此打住。

在我們的對話過程中，南茜非常重視正當法律程序。儘管消息早就公開，她仍堅決不透露客戶的機密情報或現況。她絕不會出紕漏，讓美國政府有機可趁，來削弱她或破壞她一直以來的努力。她在正式程序外只採取一個行動，那就是始終在翻領上別著一枚金屬袋鼠徽章，無聲抗議妨害她客戶權益的「袋鼠法庭」（私設法庭）。

對一個在一九五〇年代，德州長大的年輕女孩來說，不公正早就不陌生。十歲那年，她是班級辯論會上唯一支持「布朗訴托皮卡教育局案」的學生，聲稱實施種族隔離的公立學校違憲。老師致電她的父母，說她說話太嗆，讓人很擔心，不過他們是「左派知識分子」，所以支持自己的女兒。十七歲那年，她在芝加哥的夜裡跟著警方囚車到處跑，拍下警察毆人的照片，並曾因三次不同場合的和平示威遭逮捕。南茜一輩子都在為他人的權益抗爭，無論他們可能做了什麼，或沒有做什麼。她也許人小，但面對公權力，她的志氣很高，腳步堅定。

聊天時，南茜講到自己熱衷武術，特別是柔術，她會用老師教導的原則攻擊比她更龐大的對手：

「無論做什麼，都要先有目標。在武術裡，我們說這叫『一加一』，你只需要一腳踢得好，一拳打得妙，就勝過二十下漫無目的的攻擊。沒那意思就別開口，沒有決心就別開始。講話大聲不會有用，要運用智慧和強烈論調，堅守立場，集中精神，只要不踰矩，他們就沒有攻擊的餘地。最後一個訣竅，就是吸收對方的能量，轉而用來對付他們。」

對她來說，這一切都要付出代價。她的努力不懈讓她背負了恐怖分子支持者的罵名，甚至直接被形容成恐怖分子，單純只是因為她堅持政府應該遵守國家憲法，公平公正起訴他人。她說最嚴厲批評她的人，其實就是布希政府的人或相關人士。這真的很諷刺，因為他們正是偽造報告、批准刑求、簽署非常規引渡的那批人，違法的就是他們。所以總有一天，他們可能也會需要找她辯護。

沒錯，借力卸力。

13．《聖經》典故中的歌利亞（Goliath）是一名身形碩大的武士，沒有猶太人敢正面迎戰，但少年大衛以投石器擊倒歌利亞，以小蝦米之力成功打倒大鯨魚。在此引申指南茜・霍蘭德憑藉一己之力對抗美國政府。

14．據報導，二〇一六年十月十七日，美國國防部證實薩拉希已獲釋。

Whatever you do, do it with intent.
Just one good

KICK

and one good

PUNCH

is better than twenty you didn't have any intent behind.
Do not say something unless you mean it,
do not do something unless you are committed.

「無論做什麼，都要先有目標。
你只需要一腳踢得好，一拳打得妙，就勝過二十下漫無目的的攻擊。
沒那意思就別開口，沒有決心就別開始。」

Jude LAW

"If you are going to be late, enjoy being late."

演員　裘・德洛

裘・德洛法則

我們碰面那天，裘・德洛（Jude Law）的時間很趕，不是說他趕著去哪裡，而是停車收費器催促著他。為了避免找零錢和重找車位瞎忙一場，我們決定坐在他的車裡聊，車子停在倫敦沙夫茨伯里大道（Shaftesbury Avenue），感覺有點像窮人版的《車上卡拉OK》（Carpool Karaoke）單元。

我們聊到彼此的童年，我提到小時候在西約克郡的哈德斯菲爾德（Huddersfield）長大，沒想到裘・德洛居然說他那個週末正好要去那裡。我沒有要對我的家鄉不禮貌的意思，可是，通常國際影星並不會想去那裡玩。於是我問他是什麼風把他吹過去，他解釋其實他是要去見一位敘利亞小男孩的叔叔，裘・德洛是在法國加萊（Calais）的「叢林」臨時難民營訪視時，認識這名小男孩。

這名難民小朋友親眼看著爸媽、手足在離開非洲的路上死去，現在獨自一人留在難民營，於是，裘德洛主動提議要幫他出法律費用，帶他離開營地，與在哈德斯菲爾德的唯一親人團聚。

裘·德洛為了這名小男孩特別去了好幾趟難民營，而我是因為我們聊到一個不可思議的巧合才得知此事，光這兩點就足以說明這個男人下了銀幕的模樣。

事實上，長久以來，裘·德洛都不遠千里支持過重要活動。先前他曾跟和平組織「世界和平日」（Peace One Day）到過剛果民主共和國和阿富汗；參與過一次阿富汗的行動，促成塔利班與美國軍隊的二十四小時停火協議，在短暫停火期間，共動員了一萬名保健人員，幫一百四十萬名孩童預防接種。

他把過去跨出鎂光燈外，走進險惡地區助人，歸於幾個原因。第一，就是了解「名氣」這個古怪的東西。「我沒有要拿自己跟他相比的意思，但我心目中的英雄約翰·藍儂（John Lennon）說過：『如果你要把攝影機堵到我面前，就要讓我說出重要的事。』這就是媒體跟名氣的價值，引人去關注重要的事情。」他還說，如果他單純過著電影明星住在五星級飯店的生活，享受貴賓體驗，那他會「罪惡感深到良心不安」。基本上，他對世界抱持好奇心，渴望盡可能參與各種不同層面的世界。他的想法其實就是：「為何不想去那些地方？」

為了體驗人生而去體驗的性格，也顯現在他給那些想當演員的人的忠告。「走紅很靠運氣，所以你必須有演戲的好理由：因為熱愛演戲而演，喜歡其中過程而演，能享受在酒吧樓上的小空間無酬演出而演。

「做這些事時，你必須覺得快樂，不然要是終究沒有突破，你要怎麼辦？」他說要是你成功了，對自己做的事所抱持的熱愛能讓你保持清醒，不然「很快就會感覺是為了工作而做，你得保持原始的熱情火焰，否則就會迷惘。」

我請他給一則智慧忠告時，我們又講回童年，他說他最愛的一句忠告，是小時候他父親告訴他的：

「如果你快遲到了，就享受遲到。」

這句話跟字面意思一樣：如果你遲到了，不要驚慌失措、緊張兮兮，好好享受遲到帶給你的多餘時間。但裘・德洛也把這句忠告用來比喻人生，提醒他「享受當下，活在當下，無論那一刻如何，都要在當下做對的事」，不管是在難民營也好，在酒吧樓上的表演空間也罷，或正在你最新的大製作強片拍攝現場。

話說到這裡，他得走了。他快遲到了。

If you are going to be late,

ENJOY

being

LATE

going to be being late.

「如果你快遲到了，就享受遲到。」

Joan BAKEWELL

"If you put your head on a pillow late at night and think it hasn't been a good day, wake up next day and change something."

節目主持人、作家　瓊・貝克維爾

與瓊・貝克維爾的深省對話

現年八十三歲的瓊・貝克維爾（Joan Bakewell），是眾人愛戴的英國廣播公司節目主持人、作家和上議院議員。她沒時間變老，不僅忙到沒空理會年紀，而且從一開始就抗拒變老的想法。「我不相信人家說的變老，每天都有二十四小時，每小時有六十分鐘，無論你十二歲、二十歲、四十歲或八十歲，大家的時間都一樣，你擁有的日光跟別人一樣，跟過去如出一轍，要怎麼運用時間全由你決定。」

我們在她的城區住宅聊天，屋宇位於北倫敦綠意盎然的廣場角落，滿室書香。我說書香，是真的飄散書香，屋裡書本無所不在。「我知道，我東西實在太多了。」她告訴我，她有個解決方法，就是每逢週六和週日，她會開始拿出箱子，裝進她讀過的書，搬到屋外任過路客自行拿取。這個方法幾乎與她傳播想法、與人分享的職業生涯不謀而合。

對話當中，瓊讓人感覺是一個具有陰陽兩面的女人，視心情切換。她說我們有兩個人生——第一個是內在人生，「當你獨自行走、安靜坐著，或聽一首樂曲時」，這個狀態就會甦醒；再來是我們的外在人生，此時「你對世界打招呼，說：我來了，我正要做很多事，看我怎麼做。」她發現最好的方法就是「讓內在人生當老大，外在人生配合就好」。

她特別講到她所謂的「內心直覺」，這股深藏內心的強烈欲望，會引領我們去做讓我們最能心滿意足的事。「人們都想找到工時好、退休金也好的好工作，但這些都跟人生是否快樂無關，真的無關。」她建議如果我們跟著直覺走，人生更能充滿養分。

但我們得仔細聆聽領導我們的內在低語，為了做到這點，她呼籲大家特別找時間和空間，聽聽這個聲音。瓊告訴我，她最近剛到一間只有一房的小木屋獨自生活一個月，每天只專心進行寫作，與自己共處。「在那裡，我的社交生活就是走到花園盡頭的小溪。大多數人平時都忙碌不休，偶爾獨處一陣子可以帶來不少好處。」創造這樣的獨處時間，就可能讓「你完全不知道存在的絕佳想法降臨腦海，有點像是白日夢、奇想、野心，它們來自語言出現前的世界，找到回去那個世界的路非常重要。一旦開始用文字說出你的想法，就代表你已喪失某些選擇。」

我很驚訝聽到一個工作上口齒便給的人，建議我們回到語言前的無文字狀態。但瓊說，所有她認識別具創意的人都有這種特性。她覺得只要我們給自己時間沉澱、發酵、昇華，對自己就有好處。「對大部分人而言，問題的答案往往早已深埋內心某處，只要給自己機會，就能察覺。」

另一個與任由內在帶領唱反調的論點就是，你必須保持批判力，切勿自我欺騙，要看清自己辦得到與辦不到的事。等到時機來臨，也要有所行動。她可不是呼籲大家餘生都在花園盡頭的小溪旁做白日夢。

她給的忠告反映了她對人生的觀點，也是她一直告訴自己孩子的忠告：

「如果你夜晚頭一沾枕時，想到的是今天不太順利，那隔天醒來後就要有所改變。可能是改變想法、改變態度，可能是你要離職，可能是必須離開丈夫，什麼都可能，總之就是要改變。要是情況不對，就別再沉淪下去。你要聽自己內在的聲音，讓內在的火花引導你行動。」

這個態度跟她對先前關於老化的說法有關：如果你滋養內在的自我，跟著行動，「你就充實、充滿創意地活到老。唯有認為自己不行了，你才真的不行。」

她拿鄰居羅伯・普蘭特[15]（Robert Plant）舉例說明，真沒想到他在這方面能帶來啟發：「他非常了不起，創造力十足，而且他的模樣太不得了，爬滿皺紋，就跟米克・傑格[16]（Mick Jagger）一樣，那頭頭髮也很不得了。在他身上完全看不出年老力衰的徵兆。」

說句公道話：瓊・貝克維爾也沒有。

15・羅伯・普蘭特，搖滾樂手，為英國搖滾樂團齊柏林飛船（Zeppelin）前主唱。

16・米克・傑格，滾石樂團（The Rolling Stones）主唱及創始成員。

If you put your head on a pillow late at night
and think it hasn't been a good day,
wake up next day and change something.
It might be your ideas or attitude,
it might be to

LEAVE

a

JOB

or a

HUSBAND

It could be anything, but change something.
Don't just drag on a set of circumstances
which just aren't falling into the right places.
You've got to listen to and then act on that inner spark.

「如果你夜晚頭一沾枕時，想到的是今天不太順利，
那隔天醒來後就要有所改變。可能是改變想法、改變態度，可能是你要離職，
可能是必須離開丈夫，什麼都可能，總之就是要改變。要是情況不對，
就別再沉淪下去。你要聽自己內在的聲音，讓內在的火花引導你行動。

Ahmed 'Kathy' KATHRADA & Denis GOLDBERG

"To be free it is not sufficient to cast off your chains,
you must so live that
you respect and enhance the freedom of others."

自由鬥士　「卡西」艾哈默德．卡特拉達與丹尼斯．高德柏格

自由鬥士：「卡西」艾哈默德・卡特拉達與丹尼斯・高德柏格

我走進梅菲爾飯店房間，採訪「卡西」艾哈默德・卡特拉達（Ahmed "Kathy" Kathrada）以及丹尼斯・高德柏格（Denis Goldberg），他們是跟曼德拉一同受審、並肩作戰的自由鬥士，吃了近三十年的苦牢飯。他們對我指出的第一件事，就是飯店那張小床。

「二十七年來，我們被關在羅本島（Robben Island）的牢房，比這張床還小。」簡簡單單一句話，就讓人想起這幾個男人貢獻一生，對抗南非的種族隔離政策，承受了許多非人道待遇。兩人各自經歷過人類對待同胞的殘酷無情——刑求，暴力，摯愛的人遭謀殺，不公正關押，單獨監禁，與家人別離三十年（丹尼斯的妻子在這三十年間，只獲准去探望他兩次）。即便如此，他們從不曾退出這場戰役。他們年輕時就立誓，要推翻種族隔離政策，這六十年來只要眼睛睜開，每分每秒都在奮戰。他們面對困難時仍能努力奉獻、堅毅不拔，這種力量從何而來？

卡西指出他的關鍵點。二十二歲那年，第二次世界大戰甫落幕，當時年紀還很輕的他去了奧斯威辛集中營。在那裡，剛發生過的恐怖真實事件（鐵證是人骨依然散落一地）讓他明瞭到一件黑暗真相。「我站在那裡，明白種族歧視的必然結果就是種族滅絕。我很清楚我們勢必終結種族隔離，避免南非重蹈覆轍。」看過他親眼見證的事物，得出他所做的結論後，他就得扛下這個責任，誓不放棄，抗戰到底。

了解人類為自由而戰的歷史，也讓他們的決心更堅定。丹尼斯回憶他還是個年輕白人小孩時，只要家裡有訪客，他那充滿社會意識的父母都會教他：無論對方膚色，都要懂得尊重他人；此外他們也跟他講述甘地（Gandhi）率領的印度獨立運動，告訴他較鮮為人知的德國反納粹運動的事蹟，解釋南非原住民數百年來對抗英國殖民的歷史。這些對抗壓迫者的故事激勵了他，也讓他看見自由不僅值得我們奮鬥，而且勢在必得。可以想像這兩個男人有多與眾不同。他們回首過去，對於六十年抗爭的殘酷代價，並未帶有一絲尖酸苦澀，依然充滿幽默感（你們是怎麼面對牢裡的困難處境？「我們已經熟能生巧了。」），活力與鬥志絲毫未減。

我們見面前那個上午，丹尼斯受邀前往首相官邸會晤英國首相大衛・卡麥隆（David Cameron）。丹尼斯開場問候就直接一槍射向首相：「你們該死的帝國主義英國佬何時才肯放過南非？」丹尼斯是兩人之中，性情較火爆的。某些方面來看，他的故事也更引人注意，因為他是為終止種族隔離而戰的白人，這點前所未聞，也因此讓他遭到白人社群驅逐，這是其他鬥士不須面對的情況。但為了自由抗戰，所有人仍舊付出相同代價：無期徒刑。

事實上，他們預期比這更糟的結果。臭名遠播的瑞佛尼亞審判（Rivonia court case，一九六三至一九六四年），丹尼斯、卡西、曼德拉、安德魯．穆蘭傑尼（Andrew Mlangeni），以及其他因反抗南非種族隔離制度而受審的人，每一位都相信自己將獲判死刑。當初加入反抗運動時，他們就心知肚明這是最有可能的結局。曼德拉三小時的演說結束後，最終裁決讓所有人為之震驚：無期徒刑。丹尼斯的母親聽力不好，還從旁聽席大喊：「什麼？裁決是什麼？」丹尼斯回道：「無期徒刑，無期限的美好！」這個回應透露出他們的堅忍不拔與極度樂觀。我想到暫時鬆了一口氣後，等著他們的是二十餘年的牢獄生活與艱苦的監禁歲月，喉嚨就不禁一緊。我完全可以了解，為何他們寧可想著結果，也不要去想這段經歷；他們只惦記著勝利，忘卻戰役。

於是我問他們最後是怎麼成功的，是怎麼讓種族隔離政策劃下句點？他們清楚舉出四大要素：武裝抗爭，政府為了跟自己人民對抗，投注愈來愈多經費，導致勢力削弱；他們身為政治犯，讓人看見這場運動倍受尊敬的精神人物遭到不公正對待；還有國際團結運動，各國政府與民間組織都聯合抵制南非，反對種族隔離制度；最後是南非人民的抗爭——聯合民主陣線（United Democratic Front）、工會、民間組織——有相當多南非人團結起來抗議、干涉、喊著「終止種族隔離」。卡西很清楚這四大要素中，民眾抗爭是最重要的。曼德拉在羅本島的牢房對法務部長喊話：「南非的未來有可能腥風血雨，但最終獲勝的還是大眾，或者也可以靠和平協議解決。」在大眾積極參與抗議、推動改革之下，政府最終只好讓步。我問他們從精彩的人生中學到最重要的課題是什麼，他們的回答是我聽過最深刻的見解。

丹尼斯說：「我要引述一句曼德拉摘自約翰．史都華．彌爾（John Stuart Mills）說的話：『想獲得自由，光掙脫你身上的枷鎖是不夠的，你必須活出你敬重的信念，讓他人也獲得自由。』這與大主教迪思蒙．杜圖的『Ubuntu』（我因你們而在）不謀而合。唯有透過社會其他人，『我』才有意義。到頭來，我們都是人，這才是最終意義。」接著卡西輕柔、和緩卻堅定地說出他信仰的真理：「無論多少犧牲，為了正義而戰的抗爭最後勢必成功。」關於這點，他們兩人再清楚不過。

And ultimately, the fight for

JUSTICE

will inevitably lead to

SUCCESS

No matter what the

SACRIFICES

are.

「無論多少犧牲，為了正義而戰的抗爭最後勢必成功。」

Lily

EBERT

"Make always the best from
what you have,
no matter how little it is"

奧斯威辛生還者　莉莉・艾伯特

奧斯威辛生還者莉莉・艾伯特

「納粹沒有把我們當作敵人，他們壓根不把我們當人看。在他們眼裡，我們猶如蟑螂，他們以工廠作業的形式，冷血屠殺我們。」

我坐在北倫敦大屠殺倖存者中心（Holocaust Survivors Centre）的幽靜房間，與莉莉・艾伯特（Lily Ebert）交談，這裡是全世界第一個專為大屠殺生還者設立的單位。莉莉是位傲氣大膽、侃侃而談的女士，但回憶起奧斯威辛的種種時，她還是數度哽咽。七十年後的今天，人類史上最殘暴的種族滅絕事件，依然歷歷在目。莉莉說：「要解釋一件無法用言語說明的事很難。」

「幸運的人都死了。」她回想前往奧斯威辛的路途時，如此說道。幾百個人全擠進運送牛隻的鐵路車廂，夏季的熱氣，加上五天沒有進食也沒有水喝，身邊僅有那些到不了奧斯威辛集中營的屍體。莉莉想起她母親在火車抵達前做的最後一件事，就是跟莉莉換鞋，她在鞋跟裡藏了一小塊金子，是他們唯一僅存的家當。也許是身為母親直覺很準，一抵達奧斯威辛，人稱死亡天使的門格勒醫生（Dr Josef Mengele），立刻將人群分成兩組人馬：一半的人被推往左邊，馬上送進毒氣室處死；另一半則被送到右邊，在集中營裡等著慢慢餓死。莉莉對母親、弟弟和妹妹最後一個記憶，就是看著他們被推往左邊。

在集中營裡，莉莉和她兩個妹妹被迫脫下原本的衣服，換上破舊衣褲，每天僅有一片麵包果腹，跟數量超出十倍的人擠在一間小屋生活。「篩選」每天持續進行，不夠健壯、無法工作的人都會被送進隔壁的火葬場。

莉莉說，最可怕的是工廠般的建築物飄散出的惡臭，煙囪每天二十四小時不間斷冒著煙。後來她問其他集中營的同伴那間工廠在製造什麼，才從他們口中得知，那其實不是工廠，而是納粹焚燒猶太人的場所，煙囪則是逃離奧斯威辛的唯一出路。「我們都說他們瘋了，根本不相信他們說的話，但我們很快發現那是真的。」

宛如地獄般的經歷，讓莉莉承諾自己，要是她能成功存活下來，就要用餘生告訴別人關於奧斯威辛的故事，永遠不能讓歷史重演。莉莉信守諾言，這是她第一千次講這個故事。而必須照顧兩個妹妹的使命與責任感，給了她活下去的理由，否則她還真的寧可死去。

她想給我們的其中一則忠告，也跟這段過往有關：「永遠都懷抱希望，我也曾經跌落人類最深的谷底，但你看我，還不是撐過來了。我差點餓死，但七十年後的今天，還能去見英國女王，獲頒英帝國獎章。所以無論情況多險惡，都要盡力去做你辦得到的事，永不放棄。」

但她最寶貴的忠告如下：

「善加利用你擁有的事物，即使是再微不足道的東西。」

她回憶當初每個人每天只能有一片麵包的事，生動解釋她的想法：「有些人不知道怎麼善用那片麵包，一下子就吃光，幻想著還會得到其他食物，但根本沒有，這些人最後都沒活下來。可是我都盡量慢慢吃那片麵包，將一部分藏在手臂底下隔天早上再吃，我就是這樣撐過來的。」

這次會面最後，莉莉驕傲地讓我看她頸子上一個小小的黃金墜飾，自從被拯救出來後，她每天都戴著。莉莉解釋，這就是她母親藏在她鞋裡的那塊金子，她在奧斯威辛裡藏得好好的，從沒被人發現。

我陷入沉思，想著這塊黃金和它主人的所見所聞，以及必須承受的折磨：飢餓、殘酷的環境條件、醜惡的人性。同時腦中也浮現一個小問題：她沒辦法在集中營留住鞋子，那她是怎麼保存這塊金子的？莉莉雙眼閃著勝利的光芒：「我告訴過你，你得善加利用你擁有的事物，而我僅有的就是每天那片麵包，所以我每晚都把黃金藏在麵包裡，他們從沒發現，我比他們還聰明吧。」

莉莉．艾伯特，果真是一塊純金。

Make always the best from what you have,
no matter how little it is...
I would always

EAT

the one piece of

BREAD

as slowly as possible and keep some for
the morning hidden under my arm.
And that helped me survive.

「善加利用你擁有的事物，即使是再微不足道的東西……
可是我都盡量慢慢吃那片麵包，
將一部分藏在手臂底下隔天早上再吃，我就是這樣撐過來的。」

Richard CURTIS

"If you want to make things happen, you have to make things."

電影、電視編劇　李查・寇特斯

心碎的天才李查・寇特斯

假如奧斯卡獎有一個獎項是「最佳人類獎」，李查・寇特斯（Richard Curtis）肯定會獲得提名。不是因為他寫過許許多多為大眾帶來歡樂的劇本，例如《妳是我今生的新娘》（Four Weddings and a Funeral）、《新娘百分百》（Notting Hill）、《愛是你愛是我》（Love, Actually）以及由他交出的其他佳作，而是因為他這幾十年來致力於倡導社會行動，是好幾個具有劃時代意義的慈善活動的共同創辦人、領導人或主要推手；像是喜劇救濟（Comic Relief）、紅鼻子節（Red Nose Day）、讓貧窮走入歷史（Make Poverty History）和 Live 8 演唱會。把發展援助和慈善事業變成主流，沒人做得比他更多。

對於這樣優秀的人，我對他能給的最佳忠告抱持很高的期望，尤其他說事先已經想過該說什麼了，甚至把他的智慧小語寫在筆記紙上。「我要說囉，」他翻開一本皮革裝訂、充滿作家風格的筆記本，往前一坐，清了清喉嚨，宣布：

「別讓你媽幫你剪頭髮，這太重要了。」

然後闔上筆記本，靠回椅背。

他是認真的，我想是的。「我媽幫我剪過一次頭髮，我三個禮拜都沒跟她講話。」這段回憶牽動他下一個見解：「如果你是老媽，千萬別想剪你兒子的頭髮，他會恨妳的。」

童年帶給他的不只有剪頭髮的智慧，他人生多數重要特質都與童年一線牽，一旦拉扯這條隱形絲線，他就能滔滔不絕地講述年輕時代的故事。李查坦承他之所以能寫出這麼多浪漫愛情電影，是「因為我大學時心碎了一地」，他把「不幸的伯納」寫進每一部電影裡，用戲謔的方式報復這名曾搶走他女友的男人。

更值得注意的是，他年輕時，某次陷入熱戀，自憐自哀時，他父親說的一句話，徹底改變了李查對人生的看法。「我的爸爸，好心地告訴我，他在人生十八歲那年失去父親，在船上幫人掃廁所賺生活費，並且把我的人生跟他當時相比較。那之後我就完全平復了，這讓我對自己和其他人的問題有了客觀判斷的能力，永遠都不會忘記。」

他父親在他小時候賦予他的第二個智慧，也一直在人生中提醒著他：「他總說你不能奢望比幸福更幸福。」這句話的意思就是，如果你很滿足一切都很好，就不要煩惱著還有可能更好。「千萬別讓陰天毀了在鄉間度過的美好一天。」

跟他的電影一樣，他的話裡還有一個轉折：「話雖如此，但我很多時候都不幸福。」我以為他是在開玩笑，但對於我的回應，他解釋幫世界最貧困國家的發展而募款，他每天都要心碎好幾回。

「從事慈善工作，每一通電話都代表著壓力。因為如果我說服某人做某事，孩子就能活下來，要是我說服不了對方，孩子就活不下去。像今天吧，我接到一通電話，有個不錯的傢伙說他無法幫忙畫一幅速寫，當然我只能說謊：『沒關係，你去年幫過忙了。』可是其實我內心在淌血。」

因此，他最好的忠告與他努力改變世界的經驗息息相關，但也道出人們通常說得好聽，真正需要龐大援助時又幫不了忙，讓他心灰意冷。

「我們不該低估自己改變他人生活的能力，我們在這裡做的，跟在那裡發生的事有著直接的因果關係。如果你是真心想幫人，就得真正去做，不能只是空談。我的人生格言就是『若想成真，動手去做』，創造一個物品、一句口號、一部影片、一本小書、一個徽章、一個主題標籤[17]、一個紅鼻子日……做出很棒的東西，擄獲人心，讓他們覺得自己非參與進來幫忙不可，而且要是可以讓事情變得好玩就更棒了。這就是我一直以來都在做的事。」

我相信沒人做得比他更好。

17・主題標籤（hashtag），社群網站上方便使用者快速鏈結到相關主題的標籤。常用#符號開始字串。

If you want to

MAKE THINGS HAPPEN

you have to make things.

「若想成真，動手去做。」

Jude
KELLY

"Women have to honour their own potential. Women must give themselves the right to thrive in every single way,and not define how loving or humble they are by the amount that they are prepared to step sideways to accommodate someone else."

藝術總監　茱德・凱莉

我為人人的茱德・凱莉

英國南岸藝術中心（Southbank Centre）是世界最大、最繁複的文化機構之一，負責該機構營運的藝術總監茱德・凱莉（Jude Kelly），對自己的工作有個很簡單的描述：「我說故事，這是我做了一輩子的事。」

這句話真的如字面所言，茱德在她的藝術生涯中導過一百多部戲劇，包括皇家莎士比亞劇團（Royal Shakespeare Company）和西區劇院（West End）的戲。現在她擔任英國最重大的藝術工作，而這一切，都是從一個小女孩在自家後院找鄰居小朋友當演員，家長當觀眾，擔任小導演開始。

這些孩提時代的戲劇不僅讓她明白自己未來的出路（十一歲那年，她就說以後要當劇場導演，從那時起就開始實踐夢想），而且小時候的戰果，也替她說故事的方式界定了明確特質：務必讓藝術包容所有人。「我喜歡整個社區的人都能聚在一起看戲，要是有人沒來，我就會覺得難過。我討厭有人被遺落，不僅為了他們，也為了我們自己。」

這種統籌原則自那時起，就驅策著茱德前進：要是所有人都能參與，社群和社群藝術就會更好。「我們需要具備不同人生經驗的人，聆聽彼此的故事；加入和了解他們也好，不同意也好，要讓人不再覺得碰到其他族群不自在，要讓人感受到，如果去嘗試不同人際關係，人生會更豐美。」簡單來說，讓藝術變得無所不包，能加深社會的同理心和凝聚力。

南岸藝術中心是公家出資的單位，這點，更促使她決心讓所有人都能參與：「全體社會都有付出，所以每個人都應該分一杯羹：這就是驅使我前進的動力，也是我的信念。」於是，她就這麼做了。我去參觀南岸藝術中心那天，有家長帶著小朋友來唱兒歌，來了印度表演藝術家、由難民音樂家表演的古典演奏會、熱鬧的電音舞曲夜、英國演員傑瑞米・艾恩斯（Jeremy Irons）的莎士比亞朗讀、無伴奏口技秀、馬戲團表演、獨角喜劇秀和小吃市集。換句話說，就是人人都有適合參加的活動。

茱德同時還是世界女人節（Women of the World）的創辦人和領導人，這場國際性活動讚頌女人與女孩，關注她們面臨的障礙，也符合她要讓人人都可以被包容進來的使命。活動聚焦明確，當然就是性別平等。茱德說她身為女性領導人，無數年輕女性「帶著苦惱的問題來找我，要我給她們建議；可能是怎麼在工作與生活之間取得平衡、要不要生小孩、如果生了會怎麼樣、職場上的遭遇、伴侶怎麼對待她們、暴力問題、強暴、線上色情影像、身體形象等，問題多到說不完。但也有正面的故事，像是成年女性與女孩的各種成就。」正是以上這些狀況，讓茱德更加注意到無所不在的女性議題。於是她決定展開女人節，讓大家可以聚在一起，聊自己的問題，保持正面積極，探討性別平等未來可能的發展。

不可思議的是，她的構想原本遭到反對。「我開始籌劃時，有人說：『妳認真的嗎？我們不是已經做過性別平等了？』但我知道根本還沒，而這是在馬拉拉[18]（Malala Yousafzai）遭到槍擊、伊斯蘭極端組織博科聖地（Boko Haram）綁架奈及利亞女學生、印度德里輪姦案發生之前的事，所以我們需要揭開表面，仔細檢視底層問題，同時慶祝已達成的目標和精彩故事，這樣我們才有活力與耐力持續下去。」

茱德說，藝術上也必須處理這個議題。「歷史上，多數戲劇、電影、小說、藝術作品都是男性主導，一直以來都有質疑的聲音：女人真的可以像男人一樣創作嗎？有個歷史觀點說，女人生小孩，這就是她們的創作了。另外還有類似的思維，只是說法各不同，例如：

黑人身強體壯，但不大聰明；華人腦袋很好，但精神世界不豐富。諸如此類破壞力十足的刻板印象，將世界一半人種，擺在父權架構的框架裡，經過幾千年來的世代承襲，逐漸內化。」

打擊根深柢固的性別平等議題，比一份正職工作艱難，我驚覺她最希望別人講到她的人生故事時，講的就是這件事。她給的忠告跟這個劇本的內容一樣，是一則送給女性、關於女性的珍貴建言：

「女性必須發揮自我潛能，給自己在各方面發光發熱的權利，而不是靜靜退至一旁，配合他人，用這種方式定義自己的關愛或謙遜。她們必須說：『我一生只活一次，我有我自己的人生，我被賦予生命，我存在，所以應該善用我的生命，達成最有可能的目標。』無論每個女性想要怎麼定義目標都好。」

18．巴基斯坦少女馬拉拉爭取女性受教權而遭恐怖分子塔利班組織槍擊，後獲得諾貝爾和平獎。

Women have to

HONOUR

their own

POTENTIAL

Women must give themselves the right
to thrive in every single way,
and not define how loving or humble
they are by the amount that they are prepared to step sideways
to accommodate someone else.
They need to say, "I've got one life, I've been given life,
it has been breathed into me and here I am
and I should use it for the best possible purpose."
Whatever each woman herself defines that to be.

「女性必須發揮自我潛能，給自己在各方面發光發熱的權利，
而不是靜靜退至一旁，配合他人，用這種方式定義自己的關愛或謙遜。
她們必須說：『我一生只活一次，我有我自己的人生，我被賦予生命，我存在，
所以應該善用我的生命，達成最有可能的目標。』
無論每個女性想要怎麼定義目標都好。」

Michael

McINTYRE

"I put my success down to that:
my wife, my family, my support network
My three yeses."

喜劇演員　麥可・麥可英泰

麥可・麥可英泰的三個好

我正在打一通電話，跟世界收入最高的搞笑藝人麥可・麥可英泰（Michael McIntyre）安排碰面，但我沒辦法：因為他讓我笑破肚皮。不過這次經驗至少印證了我一直以來都在問自己的問題：職業搞笑藝人下了舞台，還是一樣搞笑嗎？若這裡問的是麥可・麥可英泰，答案就是：那還用說！

我們總算見到面時，他一樣讓我捧腹不已。麥可發現我在餐廳的音量太大，故意嘴賤壓低聲音說，你簡直跟老美一樣吵。他承認他有所謂的「餐廳閉嘴症」，也就是英國中產階級到了稍微高級的場所，就必須壓低音量的習慣。

出乎意料，跟這名好笑程度在全世界名列前茅的男人聊天時，我們很快就切入財務規畫的主題：永遠不要入不敷出，避免陷入信用卡和複利的危機，這很重要。原因如下：他還沒獲得突破、依舊是名不見經傳的獨角喜劇藝人時，背負十年的難熬債務。「我三十歲時，演藝前途無光，背負四萬英鎊（約台幣一百六十萬元）的債務。坐在房裡時我心想，我的人生根本不屬於我，一切都是租來的：公寓是租的，家具也是分期付款買的，狄克森家電行（Dixons）買的電視機還沒付清……就連錄影帶都要還給百視達（Blockbusters）。」

現在講起來好笑，但當時完全讓人笑不出來。執行官第一次被派來時，沒收了他的汽車，再來是家具，接著換家電。有次執行官帶著一個高舉懸臂式麥克風的男人來，連債務催收員都出現。麥可問怎麼會有錄音設備時，執行官解釋他正在幫英國廣播公司第四頻道製作執行官的紀錄片。「我說：『不能把我錄進去。』但接著心想，也許這是我一直都在等的好機會，於是我開始搞笑，心想要是我上了廣播電台，或許會有人找我合作。」

那麼是什麼讓他從谷底爬到舞台中央？有件簡單卻重要的事發生了：他第一個孩子盧卡斯出生。根據麥可的說法，搞笑藝人有小孩後都會變好笑，主要因為他們沒有選擇。對他而言，這個效果即刻降臨：責任感以及養家的義務。「我覺得我一定要在他學會說話前成功，因為我不希望他的第一句話是：『爹地，為什麼那個人要收走我們家的錄影機？』」

他的動機很明確，但搞笑藝人究竟要怎樣讓自己變好笑？

「為了變好笑，我讓自己忙不過來，開始一週七晚都接表演，錢少沒關係，甚至沒錢都無所謂，目的就是有不斷練習的機會，磨出更好笑的笑話，還有練習上台。我知道如果我可以讓一個人大笑，就表示如果我夠努力，就能讓第二個人、第三個人笑。」

長久下來，他琢磨出二十分鐘不好笑不用錢的演出（「我可以讓酒吧樓上原本沒在聽的十二人笑到流眼淚」），然後打電話給最強喜劇經紀人，幫他爭取到在一間小俱樂部的表演機會，全力以赴完成人生最重要的演出。

下了舞台後，經紀人只說：「你真的讓人跌破眼鏡。」接著幫他安排第一場英國皇家大匯演（Royal Variety Performance）的電視演出。然後，一炮而紅。就像很多一夜致富的人，他苦熬十年，總算等到成功的這一刻。

現在，獲得上台機會，更別說上電視的機會，對麥可來說，輕而易舉，畢竟他是全英最受歡迎的搞笑藝人。但他依舊進行小型巡迴演出，只要他正在練新把戲，就會在陰雨綿綿的週二夜晚到昏暗的俱樂部表演。他還記得身無分文、不順遂的日子，記得情況慘淡無望時，有多難受。於是他要給舞台上的人一個忠告：

「你要找到方法去相信，繼續前進，但光對自己說『有信心』是不夠的，你不可能沒來由就有信心，而是應該讓自己跟能激出你的潛能、幫助你、讓你建立信心的人混在一起。我就好比《英國達人秀》的參賽者，需要三個評委的『好』，我需要我老婆、老媽和經紀人都對我說：『好，表演得很好。』我才覺得可以、有效果了，然後繼續進行。我的成功背後有三大要素：我的老婆、我的家人、我的支持人脈。他們就是我的三個好。」

這一次，他可沒在說笑。

You somehow need to find a way to

BELIEVE

to keep

GOING

But it's not enough to just say to yourself "be confident"
you can't just BE

CONFIDENT

「你要找到方法去相信，繼續前進，
但光對自己說『有信心』是不夠的，你不可能沒來由就有信心，
而是應該讓自己跟能激出你的潛能、幫助你、讓你建立信心的人混在一起。」

Noella Coursaris

MUSUNKA

"Any voice you have in this world,
you have to use it.
Whatever money you have the day you die, you die without it, so donate it."

超模　諾艾拉・科爾薩里斯・穆桑卡

國民超模諾艾拉・科爾薩里斯・穆桑卡

剛果民主共和國這個國家的反差很大，既擁有超出世界其他國家的天然資源，卻也是國民生產毛額最低、人民平均餘命最短的國家。剛果潛在的水力發電足以供應整片非洲大地，卻僅有不到十%的家庭有電可用。這片土地給西方人的印象是貧瘠荒蕪、戰火不休、邪惡罪行氾濫，但它卻像世界上任一個你會想去的美麗綠色國度，人民也很友善好客。這點我可以證實，不只是我去過，更因為此刻剛果民主共和國最受歡迎的女兒正坐我對面。

這名女子是諾艾拉・科爾薩里斯・穆桑卡（Noella Coursaris Musunka），她是國際名模，不但為《*Vogue*》時尚雜誌和密使香水（Agent Provocateur）拍攝時尚照，另一個平行人生也忙著經營她創立的慈善組織馬萊卡（Malaika），為剛果的年輕女孩提供教育與學費。

諾艾拉的幕後故事講的就是一個曾度過艱苦的女人，她出生在剛果的窮苦家庭，五歲時，父親就離開她。剛果有七百萬名孩童無法上學，平均壽命只有四十八歲，所以她母親做了一個情有可原的決定，把她送到歐洲讓阿姨照養。但諾艾拉從未忘記她的童年和老家，她利用模特兒生涯的價值，轉化成一盞最明亮的燈，替她的祖國發聲。出於反抗意味的正面理由，她滿懷衝勁，將個人時尚事業和解決剛果教育問題結合在一起。「我為祖國的信念代言，希望教導孩子知道他們自己的國家和大陸很優秀，我們根本不用羨慕別人。」更極端一點來講，她希望剛果人更善用祖國資源。「如果你在剛果搭飛機，會發現乘客幾乎全是美國人、英國人、中國人和印度人，很少碰得到非洲人，很奇妙。似乎有不少人喜歡我們國家的資源！」她笑言，卻很認真。

最後，諾艾拉想終結非洲被當作「不如」世界其他國家的時代，想達成這個目標，教育就是答案。「透過高品質的教育，我們的人民就能帶來改變，成為自己國家的領導人，這樣就可以跟西方世界平起平坐，這是目前還很缺乏的。」對於自己的工作規模，她絲毫沒有吹噓。不管怎麼說，她都在一個讓數百萬人民失望的國家，成功協助數千名孩童獲得教育機會，而這還只是開端。她運用自己的發言權和事業平台，激勵他人也這麼做。鼓勵別人行動、加入、站起來去做不要枯等，這個使命就存在於她的忠告裡。

Any

VOICE

you have in this world,
you have to use it. Whatever

MONEY

you have the day you

DIE

you die without it, so donate it.
If you can only give an hour of your time,
then do that.

「若你在世界上可以發聲，就一定要使用這個聲音。
無論你多有錢，人走了也帶不走，所以多多募捐。
如果你只能捐出一小時，就捐出那一小時吧。」

Indra

NOOYI

"Give yourself a maximum of a day or a day and a half a year.
And use that to read books on your industry.
The rest of the time you should just work."

百事可樂全球執行長　盧英德

不眠不休的盧英德

如果《富比士雜誌》（*Forbes Magazine*）選出的「世界第一女強人」邀你共進晚餐，你會怎麼做？當然說好。這名女強人是盧英德（Indra Nooyi），為百事可樂全球執行長，也是美國聯邦儲備委員會（Federal Reserve）成員。

事情是這樣的，我跟兩位朋友開創的純真果汁公司成長迅速，沒想到被某大型飲料食品公司的雷達偵測到，盧英德的員工突如其來致電我們，說她想跟我們見面，建議下次她人在倫敦時，一起吃頓晚餐。

拒絕邀約似乎很沒禮貌，加上我也好奇負責全球業務的執行長，要怎麼管理每個時區的數十萬名員工，打造商機與生產？她是怎麼面對龐大工作量？她過著怎樣的生活？她有好忠告嗎？這頓晚餐似乎可以為這三個問題帶來解答。

當晚，我們先從禮貌的寒暄閒聊開場，像是「妳這次來倫敦待多久？」諸如此類，維繫對話的問題。

有趣的是，當晚我們一吃完飯，盧英德就會離開倫敦。她的私人飛機已經隨時待命，等我們喝完咖啡吃完薄荷糖就會從倫敦出發，飛往紐約。

她丈夫是另一位大型科技公司的全球執行長，同時也已經備好他的私人專機，準備從紐約出發，飛往倫敦。他們有兩個女兒，規定兩人中，永遠都要有一位在家陪孩子，所以會協調班機時間，等到她起飛時，他也差不多要飛了。

當晚約莫凌晨一點，兩人會以每小時一千六百公里的速度在大西洋上空某處擦身而過，猶如寓言故事裡在夜裡滑行的船（只是速度極快）。這畫面讓我覺得很難忘。我想到這還是兩架家庭用機時，同樣令人難忘。

我們聊到她的工作態度時，她滿腔熱血。盧英德深愛自己的工作，她做的事也不少。對話中，盧英德問我：「你知道為了某件大案子三晚沒睡的興奮感嗎？」

我得向她坦誠，我還真不知道。事實上，我告訴她，我甚至連一晚沒睡的興奮感都沒體會過——至少不是因為工作沒睡啦——這回答一時讓她難以理解。

她告訴我，有次她甚至連續八晚沒睡，那份工作案的規模就有這麼龐大。我問她，體力真的可能負荷得了嗎？在我盤問下，她承認第八晚她確實有在辦公室沙發上打盹十五分鐘。

直到今日，我還是不曉得她是否在跟我玩心理遊戲，如果是，那就奏效了。假如這就是全球執行長需要付出的代價，那我還是在地方上當個小執行長就夠了。

盧英德很好相處，迷人健談又有魅力，但從她口中卻會蹦出讓人最意想不到的話。

我請她給忠告時，她先是給了幾個領導訣竅，最讓人印象深刻的是：「我每個月會請董事會來家裡一次，印出歌單，然後大家一起唱歌。我建議你也這麼做。」當我說我想要來自她的一則寶貴忠告時，以下是她告訴我的。

「不要放假，不然等到你跟我一樣歲數時會後悔。一年最多放一天或一天半的假，拿來閱讀與工作產業相關的書，其他時間都工作。」

我第一個想法是：「哇，這真是我聽過最爛的忠告。」第二個想法是：「妳應該多放點假。」正想這麼說時，第三個想法躍入腦海，我想起她是「世界第一女強人」，所以還是閉上嘴，默默點個頭，乖乖吃我的甜點吧。

Don't take holidays.
When you get to my age you will regret taking them.
Give yourself a

MAXIMUM

of a day or a day and a half a year.
And use that to

READ

books on your industry.
The rest of the time you should just

WORK

「不要放假，不然等到你跟我一樣歲數時會後悔。
一年最多放一天或一天半的假，拿來閱讀與工作產業相關的書，
其他時間都工作。」

Ueli

STECK

"When I'm climbing, there is no fear.
If you feel fear,
it's because you're not well prepared."

登山家「瑞士機器」　烏里・斯特克

與烏里・斯特克面對面

艾格峰北坡（the North Face of the Eiger）是世界上最惡名昭彰的登山路線，在登山運動界有「死亡之牆」的稱號。一・六公里高，內凹的懸崖壁覆蓋著冰霜、鬆動的石頭和悲劇：聽起來就跟看起來一樣艱難無情。

第一次嘗試挑戰登頂的兩個人丟了性命。接下來四人也是，接著展開死亡紀錄；目前共有六十五名勇者身亡。最後終於有團隊成功登頂，全程花了超過三天。我指出這項歷史紀錄是因為正要和我會面的瑞士籍登山高手烏里・斯特克（Ueli Steck），最近只用不到三小時就登頂，他憑藉抗拒地心引力（與喪失理智），決定在沒有繩索的情況下攀爬，才締造了這種難以想像的速度。這項成就在登山界的紀錄遙遙領先，前所未見，不僅重寫了攀登規則，似乎更改寫了物理法則。

身為一名業餘登山客（我要特別強調「業餘」兩個字），我跟他說，我很難像他一樣，決定不用繩索攀爬，畢竟要是不小心失足滑落，繩索可是唯一的保命希望（我個人就曾發生過）。

「我記得剛開始登山時也聽過不用繩索的爬法，那時我心想這實在太瘋狂，我絕不可能這麼做，但這是一種過程，慢慢釐清怎麼做，做到更好，而這也是驅使我的動力。」

但要是有無法控制的風險因子呢？「你得接受會有風險，必須用全力去做。」會恐懼嗎？

「我在爬山時不會感到恐懼。如果你感覺恐懼，就代表你沒準備好。」

他的忠告聽起來可能像是蠻幹，但烏里不會這麼做。事實上他覺得蠻幹很危險：想保持安全，就必須拋棄自尊心。「你得確定自己沒有非攻頂不可的壓力，否則就會做出錯誤的決定。登山時，我總會輕描淡寫說：『我去看一下情況。』絕不會說：『我一定要攻頂。』如果直覺不太對，我就會下山。我相信要是你也照著做，就絕不會犯錯。」

當然，用烏里的心態登山絕不可能犯錯，一次都不會。

「我真的是在邊緣游走。挑戰艾格峰那次，我的動作得快，於是只允許自己用冰斧敲一次懸岩壁，沒得商量，多一次都不行。我每次把冰斧鑿進懸崖壁都卯足全力，結果真的有用。但訣竅是你要很專心，要鑿得很精準。」

這是翻轉其他人做法的反向思考：如果你正在垂直峭壁上方一．六公里處，生命全仰賴一把用來撐起你全身重量的冰斧，你會希望先檢查冰斧是否能牢牢固定住。烏里反向思考「要是不能固定住」結果會怎樣，以確保他夠專注，一開始就能準確鑿入冰斧。這是很進階的心理學。

更深入來看，他個人可能釀成的結果，也許就是讓他全力以赴的關鍵。「如果失敗一切就完了，我會死掉，也不必帶著我的錯誤活下去。」令人詫異的是，他說寧可是這種結局，也不要承受當執行長的壓力：「要是你搞砸，就得開除員工，害他們失業，而你會心知肚明這都是你的錯，一輩子都得活在罪惡感裡，我不知道自己是否能承受這種壓力。」

他最後一個說法更強調了我跟烏里之間的巨大分歧。我其實有爬過艾格峰，總共用了兩天，而且是相較之下容易登頂的西坡，動用了一堆繩索和指南，但我依然經常顫抖著倚向岩壁，那一刻就算要我開除自己的祖母都樂意之至，趕緊讓我爬下那座該死的山峰就是了。

但我決定還是別告訴烏里吧。

I really play on the

EDGE

The time on the Eiger, I had to move fast,
so I allow myself to

HIT

only once with the ice axe,
no compromise, never twice.
Full commitment each time I place the axe.
And it works, you really concentrate, you really hit

PRECISE

「我真的是在邊緣游走。挑戰艾格峰那次，我的動作得快，
於是只允許自己用冰斧敲一次懸岩壁，沒得商量，多一次都不行。
我每次把冰斧鑿進懸崖壁都卯足全力，結果真的有用。
但訣竅是你要很專心，要鑿得很精準。」

Margaret ATWOOD

"Until I know what they are wrestling with, how can I give advice?"

布克獎獲獎作家　瑪格麗特・愛特伍

賣力問答的瑪格麗特・愛特伍

現在回想，打這通電話前我還真有點忐忑。我要採訪加拿大籍聞名國際的布克獎（Booker Prize）獲獎作家瑪格麗特・愛特伍（Margaret Atwood），她擁有寫過四十多本書的智慧，扮演著預言家和編年史家。事前蒐集情報時，我在網路上讀了幾篇她的訪談，得知兩件令人不安卻跟我有關的事實：第一，她討厭別人要她選出「最愛」；第二，她不喜歡給人忠告。那我為什麼要打給她，請她說出一則她最愛的忠告？

電話訪談一開始還算順利，我們聊到坐落在多倫多西南方伊利湖（Lake Erie）的一座小島：彼利島（Pelee Island）。她最近在島上主辦一年一度的「春之頌」，這是賞鳥大賽，也是文學朗讀活動，旨在替彼利島傳統文物中心（Pelee Island Heritage Centre）募款，同時邀請大家關懷飛到小島歇息的疲憊候鳥。瑪格麗特對候鳥特別有同理心，畢竟這座小島也提供她喘息的空間，讓她可以專心寫作。「遇到觀光客在找我們的房子時，當地人都會故意指錯方向，指向十公里外的位置。」

但我知道我再也無法躲在小島話題後，於是向她提出這本書的計畫綱要，解釋我需要她給我一則最好的忠告。對此，她的回應就跟她正常回話的速度一樣，又快速又徹底：「噢，除非別人要求，否則我不給人忠告的。」但這個回答比我預期的來得好，所以我指出，我打來就是需要她的忠告。

很不幸，這句話無法為我盼望的對話打開話匣子。「好吧，可是你想聽哪方面的忠告？忠告要根據特定情況而定，譬如，你可能想知道怎麼打開罐頭。」我跟她解釋，我對關太緊的蓋子沒什麼障礙（拿到水龍頭底下沖熱水，再不然輕敲邊緣到變鬆為止），我比較想知道她有沒有真正實用的人生忠告。「有啊，但是誰要聽的？目的是什麼？忠告通常都依人與情況而定。假如你有憂鬱症呢？答案會依你的人生狀況及覺得有用的資訊而不同。」啊，我沒料到她會這麼說。我知道有二十五%的人患有心理疾病，但我並不是說一兩句智慧小語就能解決他們的問題。所以我告訴她我懂她的意思，假設是另外那七十五%的人好了。「好，那這些人的父母是否關愛他們？這會對人生造成極大影響，我覺得我的忠告也會根據這個因素調整。」嗯，說到哪了？一方面我贊成光憑幾個字拼湊的忠告，就想取代一個孩子缺乏的關愛，實在太粗淺。但另一方面，要是我不能從瑪格麗特·愛特伍口中挖到好忠告，我和我的書都要完蛋了。

瑪格麗特的語氣讓我略感安慰，她聽起來不像是故意找碴，而是真的很投入，也很想幫我的忙。事實上，她聽起來是很樂意幫我的，任何事都行，除了一件事，不幸的是，那件事正好是我要她幫的忙。

我決定請出上帝來幫忙。「這樣吧，」我說：「如果妳有宗教信仰，就會把宗教教義濃縮成對全人類都有好處的行為。」

「啊，對，像是愛你的鄰居、原諒彼此，諸如此類？」

「對，就是這種的。」我亢奮答道，以為現在總算有共識了，無奈我的樂觀稍縱即逝。

「問題是，我屬於愛報復的類型。可是話說回來，如果有人打我，我通常也是懶得做什麼，讓報應自己找上對方。」

好，宗教沒用是吧，那我換心理學。我簡單綜述有學者研究人類幸福，顯示助人者會過得比較開心。講得是不是很有道理？

「當然，除非你做得太多，最後搞到自己精疲力竭，對誰都沒好處。」

我開始意識到一個不太舒服的真相，電話那頭的人比我聰明，反應也比我快，我基本上就像跟一名最優秀的現代作家脣槍舌戰，而且可想而知，我輸慘了。

瑪格麗特察覺到我進展不順，決定讓我喘一口氣。「聽著，」她解釋：「我是小說家，在我的世界裡，一切都跟角色有關。他們是誰？人在哪裡？是老人還是年輕人？窮人還是富人？他們想要什麼？除非我知道讓他們掙扎的問題，不然怎麼給忠告？」

「柯林頓總統就可以。」我抗議。

瑪格麗特耳朵豎起來：「噢，那他說什麼？」我回憶他說跟每個人接觸的重要性，像是幫你倒咖啡的人、幫你開門的人，然後我說，我發現這忠告適用於全人類。「除非他們是作家，正努力趕出一本書，那我就會告訴他們，你最不想做的就是出去接觸太多人，你需要待在家工作。」

你來我往的對話就像一隻貓在逗弄一隻老鼠，而我絕不是喵喵叫的那一個。我只好求饒：在所有妳學會的課題中，肯定有妳認為值得傳遞給別人的智慧吧。

「好，那我有一句話可以送你。你聽聽看：『通常會扎傷你的仙人掌都是小的，不是大的。』」

「這是人生的譬喻嗎？」我滿懷期望地問。

「不，不是，我是說真的。剛才你打來前我在花園除草，那些小惡魔真是讓人痛得要命。」

我跟她解釋，這則忠告太鉅細靡遺，恐怕不適合這本書，但下次如果要寫一本園藝指南手冊，我會記住這句話的。

我知道時間快用完了，於是再試最後一遍。瑪格麗特還是很想幫忙，又問了我一次這個忠告設定給哪些讀者群。我坦白說除了人類同胞外，還沒想到要縮小到哪個讀者範圍。瑪格麗特發出短促尖銳的笑聲：「但你要寫的書不是充滿那種會在廁所裡讀到的智慧小語吧？例如：『臉上掛滿笑容，就會更快樂』？」

「當然不是。」我回答。

但我暗想，也許可以用這句哦。

I'm a

NOVELIST

In my world, everything is about the

CHARACTER

Who are they, where are they?
Are they old or young, rich or poor? What do they want?
Until I know what they are wrestling with, how can I give

ADVICE

「我是小說家，在我的世界裡，一切都跟角色有關。
他們是誰？人在哪裡？是老人還是年輕人？窮人還是富人？他們想要什麼？
除非我知道讓他們掙扎的問題，不然怎麼給忠告？」

Tony

BLAIR

"People tend not to be accidentally successful.
If you see anyone very, very good at something,
they tend to be very driven by what they do and they work really hard at it."

前英國首相　東尼・布萊爾

嶄新的東尼・布萊爾

東尼・布萊爾（Tony Blair）的裝扮風格跟上次見面時略有不同。當時的他仍擔任公職，一身首相行頭：幹練西裝、硬挺襯衫、花樣忠誠於黨的領帶。卸任後的他裝扮較為輕鬆了：運動夾克、藍色牛仔褲、衣領敞開的襯衫，還看得出他曬出健康小麥肌。東尼・布萊爾容光煥發，看來卸任後的日子挺愜意。

他的個人辦公室也一樣，藏在格羅夫納廣場（Grosvenor Square）的隱蔽角落。美侖美奐，別具風格，其實比唐寧街十號的首相官邸漂亮；這就是能自己選房子的好處，不再是房子挑你。

他四周的一切似乎全變了樣，唯獨布萊爾本人沒變。他最鮮明的特色依舊未減：渾身散發出具有催化力的能量。室內洋溢著他的熱忱、投入和智慧，以及雖觸不到卻感覺得到即將降臨的好事，情況只會漸入佳境。布萊爾光是站在你面前，就足以鼓舞人放大思想格局、工作更賣力、成就更多。

事實上，根據布萊爾的說法，他其實還是跟以前一樣拚，跟世界數一數二難解的數獨纏鬥不休——宗教極端主義、非洲發展、中東和平議題。無論你對布萊爾的想法是什麼，這個男人一直盡心盡責，而不是打打小白球。

我們談到他擔任首相的日子。我說我對首相的典型印象就是，每天都處於極端高壓下，正當你以為情況不會更糟，新問題馬上接踵而至，而這下你也得面對這個新問題。除此之外，你在議會的對手和媒體還會故意把你的好意解讀成愚蠢。「還用你說，」他一臉悲慘：「這些都可以集結成冊了。」

除了不斷的壓力與緊繃，他說身為首相，也會感覺到「自己每天，甚至每小時面臨的決策龐大，也很清楚自己所做的決定將深深影響他人的生活，內心不免覺得畏懼」。

那該怎麼面對這種無情殘酷？布萊爾指出，他有一套讓他保持平衡的首相計畫四要點。第一，要心存感激，無論壓力多龐大，都別忘了能做這份工作是多不得了的殊榮。第二，就像他妻子雪麗不斷告訴他的，要記住沒人逼你當首相，這是你自己選的。第三，要相信自己做的事，也要相信你所服務的人民。第四，別太放不開，必須保持幽默感。將這四件事記在腦海，壓力就沒那麼沉重了。

他也鼓吹要留點位置給他口中的「個人祕境」：與家人相處，以及大家都知道他很喜歡的彈吉他，還有去度假。但身為首相，不可能完全卸下職責，跟家人出遊時也一樣，所以布萊爾會帶著一個小型辦公室，每天都完成部分首相職務。在任期的這十年來，他從沒有放過完整一天假。他每天都要工作，即使做日光浴也照工作不誤。

這不禁讓人想問：他真的享受當首相嗎？「我覺得用享受這兩個字形容這份工作，感覺蠻奇怪的。我想我會說，擔任首相會有很強烈的使命感與熱情，但要是指純粹的愉悅滿足？很少見，就算有，大概就是促成耶穌受難日協議[19]，以及贏得奧運主辦權的那個時候吧。這種感覺很好，但主要的滿足來源還是達成政府目標，以及我們設定的改革計畫。」

投身公共服務、協助他人、改善進步，顯然是布萊爾十年任期內，賦予他動力的內部引擎。但他並非一直以來都想當政治家，其實當初是他岳父帶他進下議院，那時他才受到這個使命、這份工作的感召。「我站在下議院，突然有種感覺『這就是屬於我的地方，這才是我必須做的事』。我當時是一名成功律師，但當律師從沒給我這種感受。可是我一旦決定當首相，便每天帶著使命感醒來，這種感覺從未離開過我。」

這份體驗帶我們來到他的最佳忠告：

「一般人不會沒來由的成功，如果你看到一個人非常、非常擅長某件事，他們做的通常都是驅動著他們的事，他們自己也很努力。所以找出你的熱忱所在，並且去實踐，如果你找到的熱忱也能帶給別人全新的改變，就能為你的人生帶來莫大的成就感。畢竟說到底，最能帶來成就感的，就是你為他人做的事。」

19．又稱貝爾法斯特協議，一九九八年為平息北愛爾蘭動亂而簽訂的和平協議，簽訂當日是耶穌受難日，故有此名稱。

Find the thing that makes you passionate and do that......
In the end, the things that give
the most fulfilment are the things you

DO
FOR
OTHERS

「找出你的熱忱所在，並且去實踐……
畢竟說到底，最能帶來成就感的，
就是你為他人做的事。」

Ruthie
ROGERS

"Put more cream on your face and less herbs on your fish."

名廚、河岸小館共同創辦人　露絲・羅傑斯

露絲・羅傑斯美食一家親

我正位處建築與美食交會的能量線：河岸小館（River Cafe）共同創辦人兼百萬暢銷美食書作家露絲・羅傑斯（Ruthie Rogers）的廚房，而這幢富麗堂皇的雀兒喜（Chelsea）住宅，是她建築師老公李察・羅傑斯（Richard Rogers）的設計。

開放式廚房是這間神廟格局的主廳最吸睛的特色，閃閃發光的不鏽鋼聖壇送出麵包、葡萄酒，以及任何當季美食，餵飽每張飢餓感激的嘴巴。背景後方傳來幾聲「嘎嘎」和噓聲，露絲本人端著兩杯專業級的苦澀濃縮黑咖啡出現，兩者的溫暖不相上下。如果你想從人身上看到好客二字，露絲就是你要找的人。

河岸小館是歌頌義式生活的謳歌，在那裡，食物與家庭緊密交織。雖然露絲出生於美國，但她丈夫來自義大利佛羅倫斯，三十年到夫家度假的經驗，讓露絲對義大利料理充滿熱情。「走進李察阿姨家的廚房時，我會聽見兩姐妹在爭吵蕃茄麵包湯究竟該加水，還是只用蕃茄，我心想，這種吵嘴我喜歡。」

李察的母親妲達也致力把她的烹飪、飲食與生活祕訣傳授給露絲。「即便臨終，她還在傳授祕訣。她給我的遺言是：『露絲，我要妳臉上多擦乳霜，煮魚少加香草。』」

在這種愛、美食與家庭交融的薰陶下，露絲與蘿思・格雷（Rose Gray）合開了河岸小館，「我們想在餐廳裡做義大利人家裡吃得到的家常料理。」

如今，河岸小館已經跨入第三十個年頭，每天都有幾百名客人造訪，但一開始，餐廳的規模很迷你。「餐廳的原始空間狹小，一天只夠容納三、四十人。此外，市政委員會只發給我們週一至週五的午餐營業執照，晚間和週末都不能開店，而且只能開放讓該地區的辦公室員工用餐。所以我們得偷渡客人進來，假裝他們在這一帶工作。」

然而，她們追求的是品質，不是規模：她們的目標是成為全倫敦最優質的義大利餐廳。河岸小館提供的美食口味地道，名聲很快就傳開，即使是不能進店的客人都聽過這家餐館。

矛盾的是，河岸小館獲得的第一個評論（刊登在《標準晚報》（*Evening Standard*），由費・

瑪詩勒（Fay Maschler）主筆），開場白寫道：「我要跟你們分享一間你進不去的餐廳。」但露絲說，後來餐廳規模隨著他們增長的經驗慢慢成長，取得更多占地空間後，規畫藍圖也一步步獲得批准，茁壯成今日我們看見的美麗大餐廳。

正因為這段經歷，露絲建議想要開餐廳或公司的人：「先從小開始做，放大思想格局，然後在可以掌控的範圍內，擴大經營。」

餐廳的成功，部分仰賴於她們把團隊看得跟廚房裡的當季食材來源一樣重要。「人們通常會告訴我他們有多愛這裡的食物，但在那之前一定都會先誇我們的團隊人員有多好。」她的忠告如下：

「先當施者，就能後當受者，收穫你先前的耕耘。將每個人當作獨立個體對待：了解他們，鼓勵他們，他們工作的背後也需要嚴格紀律。我深信在一個讓你充滿希望的環境工作，會比在一個令人恐懼的環境成就更多……咆哮、霸凌或威嚇的狀況，在我們這裡都不會出現。」

河岸小館家族的非比尋常，不僅來自人與人之間的親密，更因為在這個男性主宰的產業，這間餐廳的主人是兩名女性，另一人是露絲的夥伴兼主廚蘿思．格雷。「我們的關係很好，我們一起做菜、一起工作、一起寫作、一起去義大利，甚至穿姐妹裝。」兩人的搭檔是一種共生關係，因此蘿思在二〇一〇年離世時，讓她傷痛到難以承受。「蘿思就是我的力量，她過世後，我就像需要撫養八十五個孩子的單親媽媽，但我最應該為她做的，就是讓餐廳繼續成長。」

一年後，露絲二十六歲的兒子忽然因為病情發作，死於義大利。露絲比喻這件事「猶如一場海嘯，前一分鐘你還安然坐在沙灘上望向外海，下一秒海浪便突如其來地襲擊，將你吞沒。」我問她，對於經歷過同樣海嘯之痛的人，她是否有忠告，露絲的答案道出這個經歷的傷痛。

「雖然我很想給予忠告，但真的沒辦法，因為當時很多人給我忠告，但沒一個有用。唯一讓我撐過來的就是我對孩子的愛，以及家族的緊密與親近。不管我人在哪裡，其中一個孩子都會出現；早晨下樓時，我就會看到某個朋友坐在沙發上。他們會若無其事過來陪我和李察。」她身邊密友與家人的力量與能量，在此獲得最美的證明。

露絲繼續使用海水的譬喻，形容五年後「海水依然不平靜，但你學會了如何隨波逐流，學會什麼是你能做的，什麼是你無能為力的，也知道何時需要做好心理準備。」

雖然說工作能帶給露絲安慰等於低估了她情感的深度，可是工作確實有時能讓她分心。「我發現做菜變得很難，很容易讓人胡思亂想，我會站著一邊攪拌燉飯一邊淚流滿面。晚上比較不會，因為通常忙到沒時間哭。」

她總是對團隊表現出關愛，待他們如家人，她跟蘿思都堅持要善待員工，尊重他們、鼓勵他們，這一點至少讓她感覺自己是在一個有安全感的環境。

「不用說，沒有比家人、孩子、你愛的人還更重要的事，但我覺得河岸小館是工作與家人緊密交織的地方，我走進餐廳時都覺得他們很棒。」

她稍微頓了下，沉思河岸小館在她人生所扮演的角色。「有人對我說：『天啊，妳還在這裡啊。』我內心暗想：『當然，不然我還想去哪裡？』」

在我聽來，這就是成功的不二法則。

Put more

CREAM

on your face
and less

HERBS

on your

FISH

「臉上多擦乳霜，煮魚少加香草。」

Jony

IVE

*"Just do one thing.
And aim to become best
in the world at it."*

蘋果公司首席設計師　強納森・艾夫

懂得說「不」的強納森．艾夫

在體育界以外的領域，實在很難定奪某某人是第一。究竟該怎麼判斷誰是最強藝術家、作家、演員或全球隨便哪個領域的第一名？但蘋果公司首席設計師強納森．艾夫（Jony Ive），這位現代最成功的工業設計師，倒是幫我們排除了這個難題。他融合藝術與科技，製成現在躺在你口袋裡的產品。他曾與世界最知名與最令人肅然起敬的創辦人史帝夫．賈伯斯（Steve Jobs）合作，共同創造當代最有價值的公司。

對於一個「唯我獨大」當之無愧的男人，他一點也不自大。我跟他在一台漢堡餐車見面，一起吃薯條。我要直說，這台漢堡餐車是私人派對請來的，薯條非常美味，但成就非凡的他，吃薯條卻顯得極度謙遜低調。看來真正成功和了不起的人都有一個共同特質：我找不到更好的形容詞，那就是他們往往都「很好」。強納森甚至把他的薯條分給我。

我婉拒了薯條，反倒請他給一則頭號忠告。這個忠告既沒創意，也不複雜，卻可能是成功背後的主要推手，也絕對符合他公司雷射般的聚焦力：

「你必須真正完全專注。只做一件事，目標朝世界第一邁進。」

他承認以前他不是這麼想的，有強納森這樣創意十足的金頭腦，他有一千件不同的事想做。「我從史帝夫身上學到專心一志的重要，他認為說『不』的次數必須多於『好』。其實他曾經每天都問我今天對哪些事說『不』，檢查我是否曾停下來，對會讓我分心的事說『不』。」

我最喜歡這則故事的部分，就是強納森跟我分享時短暫停頓，坦承自己曾經捏造他拒絕的工作案，這樣才有東西可以稟報賈伯斯。所以賈伯斯每次經過問他時，他一直都有說「不」的案例。這件事讓我看清成功人士的第二種特質：即使是非常聰明的人，就跟其他人一樣，偶爾也會做做樣子。

Just do

ONE

thing.
And aim to become

BEST

in the

WORLD

at it.

「只做一件事，目標朝世界第一邁進。」

Helena

KENNEDY

"Treat everybody as equal value,
rrespective of his or her status or
who they are."

人權律師　海倫娜・甘乃迪

海倫娜・甘乃迪女男爵的親子教養法則

「大家都這麼說，就連我母親也說：『妳怎麼不挑好一點的客戶？』」英國最活躍又直言不諱的公民自由與人權律師海倫娜・甘乃迪（Helena Kennedy QC）回憶時說道。坦白講，我可以理解為何有人這麼問，她的客戶名單淨是英國現代史上最受爭議的人物：殺童兇手麥拉・韓德麗[20]（Myra Hindley）、預謀殺害柴契爾夫人的布萊頓飯店（Brighton Hotel）攻擊主使者愛爾蘭共和軍（IRA）炸彈客，以及害我們現在再也無法帶超過一百毫升液體上飛機的「液體炸彈」恐怖分子。

「大家不懂的是我不在乎客戶是誰，我當然不贊成他們的意見和行動，但如果只因為不喜歡受審的對象，就漠視法律標準，等於是漠視保護你我、我們孩子、哪天也可能保護我們心愛的人的事物，我們不會希望到時被抄近路……」這邏輯沒話講，可是若要能夠落實，幫助世上最可憎的人，還因此付出代價，就需要絕對的勇氣。「沒錯，這麼做不見得能幫你贏得掌聲，」她謙卑地說：「但你不能為了打擊恐怖主義，就公然破壞法律和傷害民主。」

就在不久前，雖然海倫娜身為上議院的工黨代表，卻覺得有必要為了政府可能侵犯公民自由，槓上自己的政府。「布萊爾擔任首相那幾年發生的事，讓我很不以為然。一九九〇年代，我們邁向正面的人權道路，接著發生了九一一事件，我們到處捉人，未經審判就將對方關進監牢，而非常規引渡、刑求嫌犯的案例也跟著增加，還試圖利用陪審團代替審判，所以像我這樣的人就有責任站出來大聲說話。」她停下來喝了口茶，直截了當地說：「我的老闆是法律，不是政治。」

人權和正當法律程序的流沙，道出政治和公民自由史上，長久以來一個令人不安的真相。「人權向來不持久，它就像浪潮，時漲時退。握有權力的人幾乎只想獨攬大權，所以我們永遠都要保持警覺。但當你為了原則跳出來時，就得準備好一海票人對你發怒。」

我告訴她，我很好奇她的毅力是哪裡來的，遇到這種狀況，多半的人都會逃避責任。她給了我一個很有深度的回答，而我身為一個小女孩的父親，聽到後我知道回到家應該更要好好抱抱我的女兒。「我有個很愛我的父親，他從不遲疑表達對我的愛，我感覺到自己被愛、被珍惜，也感覺有了信心，所以我不再畏懼，可以帶著滿滿的勇氣，勇敢踏入世界。女性要是跟父親關係良好，就有能力用自己的生命做事或征服世界。」

這席話讓我也想分享，我說我相信也希望女兒生在愈來愈女權當家的世界，海倫娜表示贊同，但只贊同一部分。

「我們當然已看到性別平等出現大幅改變，不只是新一代的男人比較願意照顧孩子，不認為親子教養的工作應當全交付老婆。不過話說回來，還是要看你講的是哪種女性經驗，如果你是伊朗北方或剛果的女性，就沒那麼好了，人生還是很殘酷。」

這個回答徹底駁倒我過於簡單的天真主張。

海倫娜最了不起的，就是她能做到個人信念與行動的絕對一致。相信平等與人權是一回事，用一輩子為信念而戰又是另一回事，而這完全說出她寶貴忠告所蘊含的哲理：

「以同等價值對待每一個人，不論他或她是誰。這就是我對我孩子的期望，我要他們永遠

都覺得沒人比自己好，也沒人比自己差。這就是我父母教我的，永遠不要把別人當弱者對待，也永遠別接受別人當你是弱者。尊重其他人也是人。」

還有別忘了告訴你的孩子，你愛他們。

20・麥拉・韓德麗於一九六三至一九六四年間，與同夥殺害四名孩童。

Treat everybody as

EQUAL VALUE RESPECTIVE

of his or her status or who they are.

「以同等價值對待每一個人，不論他或她是誰。」

Waheed

ALLI

"Well, it starts with the usual stuff that you hear:
work hard, be lucky.
No one is successful without those two things."

媒體企業家　瓦西・阿里

紳士之冠：瓦西．阿里勛爵

我在英國最成功媒體企業家瓦西．阿里勛爵（Lord Waheed Alli）的辦公室（幸虧有他，《聊天俱樂部》〔The Word〕、《大早餐》〔The Big Breakfast〕和《我要活下去》〔Survivor〕才能躍上我們的電視螢幕），他是上議院第一個公開同志性向的議員，最重要的是，他也是英國爭取最多同志權利的冠軍之一。

他的辦公室絕對不尋常，極盡奢華逸樂之能事。

我們坐在無敵柔軟蓬鬆、觸感舒適的扶手椅上，新鮮香草茶就擱在阿里勛爵穿著球鞋翹著腳的茶几上，牆壁掛滿油畫，仔細端詳，會發現每一幅都是模樣猶如王室、來自盛行翼領年代的年輕男子。

我問阿里勛爵，這些油畫是否都是古早的祖先。

「不，才不是。我最近剛過五十歲生日，告訴家人和朋友我想要十八世紀的俊男圖。有的人喜歡看花，而我呢，就是喜歡看男人。所以我想，牆上掛滿帥哥圖應該還不賴。」我不應該被他坦率的回答嚇到才是，因為阿里勛爵在上議院爭取降低同志享受性愛的年齡時，已經清楚表態：「我的性向從沒讓我迷惘過，人們對我性向的反應才讓我迷惘。」

自從東尼・布萊爾指派阿里勛爵到上議院，成為史上最年輕的議員，同志權利的世界就有了大刀闊斧的改革，這麼說一點也不言過其實。

阿里勛爵打從一開始就竭盡所能，改善同性戀族群的權利。

首先是同志性愛年齡平權法，接著每年提出一項全新倡議：包括廢除第二十八條（禁止學校使用同性戀讀物）、爭取同志家長的領養權、立法防止歧視同性戀的商品與服務、公民結合、同志婚姻、在宗教場所結婚的權利。

光是看他的事業成就以及後來的政治功績，會覺得如同一張洋洋灑灑的成功記分卡，而這些居然全由一名工人階級的孩子達成。

阿里勛爵的父母是移民，他十六歲那年，因為父親拋棄母親，他必須離開公立學校，為了養家餬口外出工作。他是一個靠自己奮鬥成功的男人。

所以，他是怎麼辦到的？

「嗯，首先就是你常聽到的那套：努力工作，還要好運加持。少了這兩樣，沒有人能成功。但最重要的還是堅持目標，如果要我傳遞一則訊息，就會是這個。我事業的成功就是來自對目標的堅持，我告訴自己，無論如何，我都要盡力做出最棒的節目。至於政治生涯：還是一樣，堅持目標——無論發生什麼事，都要爭取同志平權。這是最重要的，別被打散注意力，繼續回到原點做該做的事，去做對你而言，最重要的事。」

我們雙雙陷入沉思，然後他接著說下去。

「你知道嗎？我還年輕時，同志身分被視為一種恥辱，意思就是談戀愛要暗地裡進行，做愛更是難上加難。我希望爭取平權，這樣就沒人需要覺得可恥，我想讓大家可以更容易做愛。我喜歡性愛，我覺得人們應該能夠想做多少就做多少。」

堅持目標。這，就是目標了。

The most important thing of all is maintenance of aim.
If I could pass on one thing, it is that.
My business success came from maintenance of aim.
I said to myself, no matter what else I will make
the best programmes I can.
My political life: maintenance of aim again –
get equality for gay rights,
no matter what else was going on in my life.
And that's what it's about, fight the distractions,

KEEP COMING BACK

to your thing, the thing that's most important to you.

「重要的還是堅持目標，如果要我傳遞一則訊息，就會是這個。
我事業的成功就是來自對目標的堅持，
我告訴自己，無論如何，我都要盡力做出最棒的節目。
至於政治生涯：還是一樣，堅持目標—無論發生什麼事，都要爭取同志平權。
這是最重要的，別被打散注意力，
繼續回到原點做該做的事，去做對你而言最重要的事。」

Olivia COLMAN

*"If you're ever lucky enough to be successful in what you choose to do,
don't ever believe your own hype,
and remember it could all stop tomorrow."*

演員　奧莉薇亞・柯曼

家政婦女王奧莉薇亞・柯曼

被梅莉・史翠普（Meryl Streep）形容「天資聰穎」，可謂當代最受愛戴的女演員之一奧莉薇亞・柯曼（Olivia Colman），正跟我分享她的大突破。我以為她講的故事是她第一次接到的大角色，沒想到是她努力打進演藝圈時，兼差的第一份清潔工作。「小時候我跟我媽住在劍橋一間民宿（我們是老客人了，因為這裡離我爸住的醫院很近），某天民宿主人來找我，說週末要遠行幾天，而我看起來蠻可靠的，又好像蠻需要錢的，於是請我負責打掃房間，管理民宿。結果我真的幫她打掃，這經驗很棒。」

這絕不是我期待聽到的明星之路故事，但奧莉薇亞似乎對她不輸演技的打掃評價，引以為傲。「大家都一致認可我是優秀的清潔工，我真的很享受這份工作，而且我恪守本分，如果偷偷安裝攝錄影機就會發現，我絕不會亂看別人抽屜。」

這種謙虛跟自嘲，就是典型的奧莉薇亞。閒聊時，她開玩笑地要我把她描寫成又瘦又高，但這本來就是事實，而且她是重量級的討人喜歡。見到她本人時，你會先被她讓人卸下防備的溫暖甜美笑容打動，偶爾會從她嘴裡蹦出幾句俏皮話，但她說的話跟她的真實性格表裡如一。她甚至每天持續一個溫暖可愛的善舉：「我有個遵守二十年的小規則，那就是早上離開家時都會規定自己，要是這天沒做好事幫人，就不准進家門。這麼做讓人感覺很好，會讓你想起自己有多幸運。」

這些隨機的善舉或許是回饋學校老師為她做的事。奧莉薇亞從沒想過當演員，可是十六歲那年，她的英文老師說服她參加學校的話劇試鏡。不用說，她立刻愛上演戲。「第一次看到觀眾鼓掌大笑的感覺實在太讚了，簡直就像第一次吸毒，演戲就是我的海洛因。我心想，如果我能靠演戲賺錢生活，不知道該有多好。」

當時她認為這根本是白日夢。「我媽是護士，我爸是勘測員，我覺得這個夢想太天真，不可能實現。但隨著年齡增長，我愈來愈發現自己什麼都不在行，這其實反而幫了我一個忙，等於是宣告我沒得選擇。」奧莉薇亞列出她嘗試過的工作，「我當過很不適任的老師，小朋友實在太幸運，逃過一劫。後來我試過打字，但我這祕書做得也很不稱職。多謝有清潔工作，否則我早就餓死了。」

跟當清潔工不同，她說她的演藝之路沒有什麼大突破。「其實比較類似文火慢燉。」前五年很辛苦，不斷試鏡卻拿不到角色，不過她也說：「我有幾年沒工作其實也是好事，因為這樣我才更懂得珍惜。我聽過有演員在片場亂演一通，這些人完全不知道自己該死的有多幸運。我真想跟他們合作，這樣就可以訓他們一頓。」我相信她做得出這種事。

這陣子她打掃的時間少，演戲的時間多，導演甚至為了讓奧莉薇亞參演，改變角色。她最近接下一部翻拍約翰．勒卡雷（John le Carré）小說的電視劇《夜班經理》（The Night Manager），奧莉薇亞飾演的間諜角色本應是男人，但製片卻為了她改成女間諜，後來奧莉維亞在試鏡前，開心地發現她懷了第三胎，現在他們又重寫該角色，以符合奧莉維亞拍片時的狀態：懷孕六個月。

我說這證明了她有多受歡迎，他們甚至肯把間諜角色改成女性。就像她的個性，奧莉薇亞隨便打發了我的誇獎，說這只是反映出社會進步，全男性卡司已經不被接受。那他們為了她肚子裡的寶寶改寫劇本怎麼說？「那個啊，間諜也能懷孕啊。」

奧莉薇亞不斷拒絕他人的讚揚，加上她可靠又迷人的兩大特質，最後她給的忠告一點也不讓人意外。

「如果你夠幸運，能在自己選擇的行業裡大放異彩，別太沾沾自喜，要記得成功明天可能就會離你遠去。盡自己所能完成工作，認真看待工作，但別太自以為是。最重要的是當個好合作的對象。」

如果你需要清潔工，知道該打給誰了吧。

SPIES

get

PREGNANT

too.

「間諜也能懷孕啊。」

James RHODES

*"Just survive.
Just survive anyway
you can."*

鋼琴家、《關鍵音》作者　詹姆士・羅茲

挺下去的詹姆士・羅茲

我第一次聽到鋼琴家詹姆士・羅茲（James Rhodes）演奏時，還不知道他是何方神聖。那晚甚至不是音樂會，比較像是歌頌書信文學的戲劇之夜。可是舞台上擺了一架大鋼琴，場燈暗下時，一個身著黑色牛仔褲和破舊球鞋、不修邊幅的纖瘦男子，拖著腳步，走到鋼琴前，頂著一頭像是剛下床的亂髮，對著琴鍵彎下身。我還記得當時心想，要命，他一點也不像鋼琴家，我懷疑大多數觀眾也有同感。但他開始彈奏後幾秒，我們完全對他產生不一樣的想法。幾秒令人心醉神迷的音符過後，我們已無法想任何事情。

很多人都說音樂改變了自己的一生，但對詹姆士來說，音樂確實救了他一命。詹姆士二十多歲被送入精神病院時，有天被人發現他用電視天線製成的絞索上吊，帶著非死不可的決心自殺。就在他人生自殺未遂最低潮的時期，有個貼心的朋友把一台下載了《郭德堡變奏曲》（Goldberg Variations）的 iPod，塞入一只洗髮精瓶子裡，偷渡進他房間。聽著音樂讓詹姆士暫時遠離心魔，想起世界或許還是有值得留戀的事物。

詹姆士用天線自殺的原因，追根究底就是他五到十歲那幾年，體育老師每週性侵他的事件，這場苦難反覆上演，手段殘酷，導致事後詹姆士脊椎和腸子留下後遺症，心理創傷也不知不覺地蔓延。所以需要恭喜的不只是他的音樂才華（《獨立報》稱他是「天才鋼琴詩人」），也要恭賀比這更非凡的成就，那就是挺過內心煎熬，活了下來。

詹姆士還有一件事值得提，那就是他很幽默。我們有一次約在星巴克見面時，我對他說，在傳過這麼多通簡訊和電子郵件後，我很開心能見到他本人，這時他壓低聲音對我說：「拜託，老兄，別那麼大聲，別人還以為我們是Tinder（交友軟體）的網路約會。」跟他聊天很棒，但他髒話連篇，你會慶幸你老媽沒聽到我們的對話。我告訴他，上次我聽到他那場演奏讓整間表演廳的人驚艷不已，可是他不買帳。他對自己的表現很懊惱，說他內心的完美主義者沒有對自己的演出滿意過。「一萬個音符中只要有一個彈得太重，手指壓下琴鍵的重量多出四公克，應該少那麼小小一分貝才剛好卻沒做到，這種時候我就會覺得自己搞砸了。」這就是他在不可能的追尋路上給自己的高標準和執著。但這不是抱怨：「音樂讓人生更美好，也不會有狗屁倒灶的副作用，不需要花很多錢，我有機會每天都被音樂包圍，實在美好到不真實，但卻是千真萬確的事實，所以我知道我很幸運。」

他對古典樂的態度是絕對尊重原創作曲者，同時為古典樂界帶來全新的自我風格。他在皇家阿爾伯特音樂廳以及夏日音樂節等，重要舞台演奏，表演中會穿插有關作曲者的個人小故事，他也發行標題叛逆的專輯，像是：《子彈與搖籃曲》（Bullets and Lullabies），以及《剃刀、藥丸與大鋼琴》（Razor Blades, Small Pills and Big Pianos）。他就像是矢志把巴哈和貝多芬推進人群的叛亂分子，或者死都要這麼做。

詹姆士小時候默默遭受折磨的那幾年間，發現鋼琴是他的庇護所，但後來他選擇上大學，而不是音樂學院，十八歲那年放棄了鋼琴，後來整整十年都沒再碰。可想而知，沒碰鋼琴的那十年間，他「內心掙扎騷動的小精靈」大肆破壞，累積到最後變成走上自殺一途。但在醫院接受治療時，聽著iPod的詹姆士重新下定決心，至少要試著進入音樂界。他的目標是成為古典鋼琴家的經紀人，於是聯絡一名頗具聲望的經紀人找工作。在那場面試中，經紀人要求他彈琴，聽了十五分鐘後，他說不打算支持詹姆士成為經紀人，因為他得成為鋼琴家。剩下的故事就要等你自己走進離你不遠的電影院了（他的自傳《關鍵音》（*Instrumental*）被改編成電影）。我恭喜他的成功，也恭喜他身為鋼琴演奏家，可以嚴守生活紀律，每天早起練一整天的琴，可是他的回答卻激烈到讓我詫異。

「我喜歡練琴，所以那不叫紀律。紀律是指每天準時上班、通勤、繳房貸、幫孩子更衣、餵他們吃飯、送他們上學，那才叫紀律，做這些事很需要毅力，很多人都低估了，看不出每天都要做到這些有多他媽的了不起。沒有掌聲，也沒有獎賞，在你其實只想賞自己一巴掌，從高樓一躍而下時，還能這麼撐過一天，這才了不起。」

其實他雖然活出夢想，卻也必須與惡夢共枕。「我跟你說，我知道我的人生看似美好順遂，我是很幸運可以彈鋼琴，但我求死的心還是勝過求生的心，我知道我只要沒有藥，不消幾週就會被送回精神病院。」

身為一個更懂得如何與心魔共存的人，我請他給目前也身處創傷深處的人一則忠告。

「你可以告訴大家做很普通的事，像是找人聊聊、彼此照應、尋求協助，但其實這些都沒用。完全沒用。我想我的忠告不是忠告，比較類似希望：我希望你夠幸運，可以在你不想活的時候活下來，因為之後情況可能好轉。你只需要活著，努力讓自己活下去。」

JUST
SURVIVE

Just survive anyway
you

CAN

「你只需要活著，努力讓自己活下去。」

Libby LANE

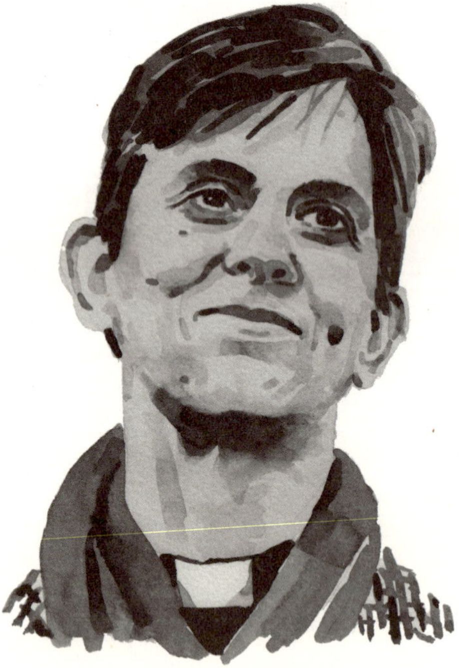

"It is a constant refrain in scripture: "do not be afraid" – don't live out of fear."

主教　莉比・雷恩

大無畏的莉比・雷恩主教

宗教是男性的世界，至少歷史上如此。但跟我坐在一起的這個人，最能說明英國國教對改變這個情況所做的努力：英國首位女性主教斯托克波特主教（Bishop of Stockport），也就是莉比・雷恩主教（Right Reverend Libby Lane）。

「這跟我個人無關，只是正值改變的時刻，而我正好就是出現的那個人。」雷恩主教接下該職位，不用說，是英國國教從開始截至目前為止，史上跨出最大的一步。她的謙遜是真誠的，她從來就沒想過成為主教，教會長老請她擔任主教，所以她接下任務，卻不認為這場沉默的革命是她的功勞，就像她也絕不會與耶穌斷絕關係、與魔鬼為伍。

就跟現在鬧得沸沸揚揚的多數事件一樣，她銜命接下主教神職一事也遭到多方抗議，直到正式的授任儀式都還吵鬧不休，部分主教還拒絕伸出手為她行按手禮，有位牧師甚至從會眾席上，在現場直播的電視觀眾面前大聲吼出抗議。我問她對教會地位較高的成員，迄今仍反對女性擔任主教有何看法，她說：「我覺得他們大錯特錯，但我並不質疑他們的虔誠，也相信他們都是基督的子民，教會有理由允許他們有意見，畢竟上帝大過所有人。」莉比停頓，然後，以一種更具革命精神的語氣補充：「等到審判日降臨，也許他們是正確的，而我真的不應該擔任主教，但我願意帶著這個罪活著。」

她瞬間閃逝而過的積極獨立，甚至叛逆，都不是偶然，而是莉比的個性本來就如此，而且從她很小的時候就開始了。莉比十一歲時被朋友帶去教會，她的家人沒有加入教會，所以她跟一般青春期少女不同，所謂的放縱不是去派對玩，而是積極參與教會與禱告。「我並不是有意識地反抗，而是在建立獨立的自我認同，這在青少年成長階段是必要的。我覺得自己很幸運，可以用如此有建設性、肯定生命與積極正面的方式建立自我。」

她之所以這麼投入，不是因為第一次走進教會時受到上帝感召，而是因為受到教會的教友接納與認同。「他們從一開始就平等待我，我不只是一個十一歲女孩，而是被當作『我』。牧師記得我的名字，他們用這種方式對待我，雖然只是小事，但對還是小孩的我來說，卻代表一種尊重。」

小時候在教會和會眾相處的那幾年，讓她感受到更深刻長遠的使命感，發展出更長久的信仰。「教會就是上帝送我的一份禮物，這是我們可以體會到彼此能互相依靠的安全所在，我們不只對上帝有責任，對彼此也有責任。我學到我可以將別人置於我之前，因為我也會受他人照顧，一旦我放手，將其他事列為優先，別人也會支持我、重視我。」

我跟莉比．雷恩聊了兩個多小時的宗教，對話涵蓋所有與她信仰相關的主題，包括她的上帝、教會、教會的失敗與教義等。我從沒遇過比她溫柔卻意志堅定的人，她對挑戰保持開放態度，對信仰毫不動搖。對於教會組織的問題明白透徹，卻深愛著教會的基本原則。我沒遇過比她內心更平靜與安定的人，簡單來說，她讓人感覺「我也想要她有的經驗」。

在某個沉靜卻重要的時刻，莉比分享對她意義最深遠、影響著她的人生、自我認同、職涯、信仰與平靜心靈的信念：她跟我們一樣，都有上帝愛著。「第一就是上帝對我們的關愛，有了祂的愛，我們會自然而然地去愛自己，不需外求。也就是說，我是自由與平靜的，並且擁有目的與希望。」就是這種絕對的信念帶給她信心，可以追隨教會的使命，即便在當時看來，女性不可能冊封為主教。這個信念給了她力量，在受封主教成定局時，讓莉比能夠承擔某些教會長老的排斥所帶來的沉痛。她這麼做純粹是因為：「我沒有其他選擇。」

當我請她給一則最寶貴的忠告時，宗教能帶來的深刻歸屬感與寬慰，便深深紮根在她的回答裡：

「《聖經》裡常講：『切莫害怕』——不要帶著恐懼活著。當然有時感覺害怕很正常；我們害怕孤單，害怕失敗，害怕自己做不好，但如果帶著恐懼生活，對我們自己、人際關係、社群只有破壞。人必須找到讓自己感覺安全、有保障、猶如家的事物。一旦接受上帝了解我們，知道自己被上帝深愛著，這種歸屬與安全感就會出現。如果你讓真理走進你心底，就會找到免於恐懼的自由，這樣就可以不帶著恐懼活著，而是帶著希望與感激活著。」

It is a constant refrain in scripture:

DO NOT

be

AFRAID

– don't live out of fear.
Of course, it is natural that we all sometimes feel afraid.
We're afraid of being alone, of failing, of not coping.
But if we live our lives from a place of fear,
it is damaging to us, to our relationships, to our communities.
One needs to find something that gives a sense of safety,
of security, of home.
And that comes with accepting we are all known
by God and loved by God. If you allow that truth in,
it enables you to find freedom from fear.
So you can live out not of fear but of hope and gratitude.

「《聖經》裡常講：『切莫害怕』──不要帶著恐懼活著。
當然有時感覺害怕很正常；我們害怕孤單，害怕失敗，害怕自己做不好，
但如果帶著恐懼生活，對我們自己、人際關係、社群只有破壞。
人必須找到讓自己感覺安全、有保障、猶如家的事物。
一旦接受上帝了解我們，知道自己被上帝深愛著，這種歸屬與安全感就會出現。
如果你讓真理走進你心底，就會找到免於恐懼的自由，
這樣就可以不帶著恐懼活著，而是帶著希望與感激活著。」

Alain de BOTTON

"We have to turn our ghost-self into a real person. We need to bring the ghost to life."

作家　艾倫·狄波頓

抓鬼特攻隊艾倫・狄波頓

我走過倫敦希斯洛機場（Heathrow Airport）的行李提領區，每次碰到旅途這個時刻，我都會忍不住想到作家以及日常生活哲學家艾倫・狄波頓（Alain de Botton）。

在他的著作《機場裡的小旅行：狄波頓的第五航站日記》（*A Week at the Airport*，顧名思義，這本書講的就是他七天在希斯洛機場第五航站睡覺寫作的日常生活），他寫說我們通過自動門、進入抵達區時，全都會出現不理性的樂觀和隨之而來的悲傷，即便知道根本沒人來，還是會偷偷掃視等候人群的面孔和舉牌，暗自希望有個人就在那裡等我們。在讀這本書之前，我以為就只有我這麼做。

這就是這個男人擅長的一千個案例中的其中一個：觀察人類心理的脆弱沙堡，一粒一粒沙地細細檢視，並且安慰我們，平日生活腦子裡出現的千奇百怪思緒和感情都再正常不過，不會害我們失去理智，至少也沒有比別人瘋癲。

我們約在他位於北倫敦的家碰面，他的家是他工作的實際體現。這棟房子夾在老教堂和畫家工作室之間，坐落於一條靜謐街道，是藝術與宗教世界之間的哲學小憩，藝術與宗教則是他筆下其中兩個主題。我們坐在可用來治療諮商的寧靜花園房——兩張面對面的舒適椅子，邀請彼此對話；還有一盒紙巾和一張睡臥兩用長沙發，以防情況變得棘手；另外有一整面的書牆，營造出一種安心氛圍。

艾倫・狄波頓著作豐富：十三本橫跨藝術、性、工作、感情關係、旅遊、宗教和其他人生大主題的作品。

除此之外，他還在數不盡的紀錄片中擔任主持人，建立一所名為「人生學院」（School of Life）的學習中心，開課講述人類會遭遇到的各種難題。

不用懷疑，艾倫・狄波頓就是一個背負使命的哲學家：「我的目標就是建立一個情感豐富、更快樂的社會，但也不會忽視人生苦短的事實。」

他主要的一個信念，就是多數人以為社會的主要問題跟政治與經濟相關，卻小覷情感的重要性，因為情感「被當作不嚴肅、週末才會照顧到的東西。殊不知大多時候，政治和經濟這些聽起來嚴肅的事，其實跟人類情感與人類情感運作息息相關。」

再者，「引起上癮、感情關係破碎、焦慮、憤怒、沮喪、其他每日上演並阻礙著我們的悲劇」，通常都是我們情感的自我造成的。問題如此嚴重，但他驚覺居然沒有一個學術專科幫人在這方面做好準備，「處理情感生物屢屢輕微失控的狀況」。因此，他畢生的志業就是幫我們找出方法自我指引，撫慰自己。

所以他一直把這當作他的使命？他很年輕就開始帶大眾摸索人類狀態嗎？

「我告訴你，我天生是個膽怯服從的人，只想要一份正常工作。我是個書呆子，喜歡遵守命令，融入大家，但我知道這一切都是假象，我知道根本沒屁用，我這麼做只是為了討好我那挑剔的家人，當一個好孩子。但隨著我逐漸長大，找一份正常工作、當一名管理會計師或隨便哪個工作的想法，逐漸讓我的心靈枯萎。我念完大學時，這個想法埋下一個危機，讓我心想，現在我該怎麼做？」

他的觀點是，社會給人太多壓力，要他們找出自己想做的事，讓人喘不過氣來。有的人很幸運，很早就知道自己想要做什麼；有些人則認為賺的錢夠生活，這樣的工作就很好了；還有很大一批的第三種人，他們覺得「我知道有件我想做的事，但我還不確定是什麼。世界對這些人都不怎麼有耐心，除非你能對這個世界說『我想做某件事』，否則就等著被逼著就範吧。」

所以對於如何過更充實的人生，艾倫．狄波頓給出的忠告，就是直接針對第三種人講的：

「找出帶給你原動力的事物。這不簡單，大部分人都當局者迷，但我們會時不時接收到不明確的信號，猶如鬼魅般的自我發出的微弱渴望，埋在靈魂深處，拒絕黯然死去，卻奄奄一息。那個鬼魂就是我們的真我，試著把它挖出來，傾聽它的聲音。我們得把鬼魅般的自我變成真人，我們需要讓鬼魂起死回生。」

我幫那些想要逮出鬼魂的人詢問訣竅。意外的是，忌妒、悲觀和死亡，居然榜上有名，可以幫我們抓到鬼。

「去分析你忌妒什麼。我們很少忌妒一個人的全部，如果你拆開來分析，就會發現其實你只忌妒他們的某些特質，例如：擅長平面設計，或者做蛋糕的能力，你可以從對忌妒對象的分析，打造出你的理想自我模型。」

另外，你也需要實驗，嘗試新事物，因此先打底的悲觀有助於免除壓力。「『全部都會搞砸』是很有用的起點，讓我們能跟失敗共處。好幾次在進行危機重重的冒險時，我都心想「噢，管他的，可能會慘敗，但無所謂」，藉此讓自己冷靜下來。」

最後，你要利用死亡當助力，不過是間接的死。「我不想嚇人，但人生短暫，提醒自己死亡在即，應該就能激勵自己，在尋覓的路上把我們從昏昏欲睡中搖醒。」

如果用過這三種方法還是不知道要做什麼，別擔心。艾倫說，二十世紀中葉受焦慮主宰的存在主義哲學家，可能一直都沒說錯，他們相信，我們在做人生重大決定時，就像在黑暗中射擊，不應該期望自己知道結果，甚至不該期望能享受發掘的過程。最後他們單純接受了古希臘政治家梭倫（Solon）的智慧，他斷定：死亡上門前，沒人是快樂的。

這些哲學家啊，還真樂觀。

We have to turn our

GHOST-SELF

into a real

PERSON

We need to bring the

GHOST

to life.

「我們得把鬼魅般的自我變成真人，我們需要讓鬼魂起死回生。」

Ruby

WAX

"Don't get depressed about the depression. Depression can bring with it a sense of shame, that we beat ourselves up for having it, that we're ashamed to have this vulnerability. But you have to forgive yourself and allow yourself to feel it. It's normal and it's natural and a basic human foible"

演員、搞笑藝人　露比・韋克斯

露比・韋克斯的搞笑精神

「我停不下來，就連剖腹生產的過程都在搞笑。」女演員、作家、搞笑藝人露比・韋克斯（Ruby Wax），敘述她曾有過隨時都得搞笑的病態壓力。她不是在抱怨，只是解釋以搞笑為業的一大缺點：大家都以為你隨時隨地像小丑般好笑。

讓搞笑壓力加劇的另一個原因，就是露比嚴重的憂鬱症發作病史。因為她的工作，她覺得自己有必要否定這個真相。她甚至隱瞞病情到不合理的地步——她有次從心理治療中心出院，去幫一個電視節目採訪某人，然後當晚又回醫院。「我回到醫院後，病友們望著我說：『妳瘋了嗎？』這可是他們最高的讚美。」

她到現在還是很搞笑，但這陣子她有另一個更嚴肅的焦點：宣導心理健康，並為心理疾病去汙名化。她很熟悉心理健康的議題，不僅有個人經驗為背景，更為了多了解這不時找上門的疾病，在牛津攻讀了正念認知行為治療，立志在憂鬱症襲擊時，驅逐問題。

她當初走上這條嶄新道路時，沒想過要成為心理健康的楷模，但她還真的成為海報上的模範生。一項喜劇救濟（Comic Relief）贊助、旨在促進人們對心理疾病認識的倡議行動，在倫敦地鐵站到處張貼露比向大家宣告她走過憂鬱症的海報。

大眾的關注一開始讓她很震驚：「我覺得那看起來很像娛樂圈的海報，但我決定善加利用，寫一個關於心理疾病的表演，假裝這一切都是我故意的。」

她第一次表演這場秀，是在她先前發作時曾經治療康復的小修道院（The Priory）治療診所。由於演出大受好評，她又到國內其他心理健康機構進行巡演。接著露比出書，做了更多場秀，每一次演出的目的，都在讓這些有焦慮和現代文明心理疾病的人得到喘息、領悟和安慰。

在電視上搞笑二十五年後，她說最近寧可到心理機構的抽菸室，跟她稱之為「我同類」的病人講講話。即使沒人比她更努力讓大眾關注心理健康的問題，但她還沒結束。

露比最近有個行動，就是推出疲憊咖啡館（Frazzled Café），到全國的馬莎連鎖百貨（Marks & Spencer）舉行歡迎見面會，只要是「處於燃燒殆盡邊緣、感到孤立」的人都能來參加，支持彼此，分享故事。

這很符合露比對心理疾病開放溫暖的做法：開誠布公，拿出來討論。不要自己默默承受，覺得有必要躲躲藏藏。

露比知道沒有輕鬆簡單的解決方法，同時也提倡每天實踐正念思考（「你必須鍛鍊，不可能光用想的就有六塊肌」），但她也很實際，認為要是吃藥有效就吃吧：「就跟如果你有糖尿病，就要服用胰島素是一樣的道理。」

她偶爾還是會憂鬱症發作，不同的是，現在憂鬱症只會停留數週，而不是數月，她更能注意並處理好自己的病情。至於她給的忠告，既沒有誇大，也沒有小看面對心理疾病如何做出回應的重要性：

「別為了憂鬱症感到憂鬱。憂鬱症可能帶來羞恥感，讓我們責怪自己，覺得這種脆弱的狀態很可恥。但你要原諒自己，允許自己去感受。這很正常，也很自然，是人類基本的小弱點，每四個人之中就有一人患有憂鬱症，從這些人去獲得力量並相互扶持。」

Don't get

DEPRESSED

about the

DEPRESSION

Depression can bring with it a sense of shame,
that we beat ourselves up for having it,
that we're ashamed to have this vulnerability.
But you have to forgive yourself and allow yourself to feel it
It's normal and it's natural and a basic human

FOIBLE

「別為了憂鬱症感到憂鬱。憂鬱症可能帶來羞恥感，
讓我們責怪自己，覺得這種脆弱的狀態很可恥。
但你要原諒自己，允許自己去感受。
這很正常，也很自然，是人類基本的小弱點。」

Shep GORDON

"My advice is follow your bliss."

好萊塢經紀人　夏普・高登

與夏普・高登坐在黑暗之中

我們在一艘剛離開邁阿密的郵輪上，時間是午夜。船上共有三千多名企業家，雖然聲稱是海上專題討論會，事實上卻是勉強以會議之名，行派對之實。可是多半的人都棄酒吧、俱樂部和餐廳不顧，逕自擠入大禮堂，帶著崇拜的心情聆聽一名身穿短褲、涼鞋和百慕達襯衫的男人在台上演講。這男人就是夏普・高登（Shep Gordon）。這個世界上只有兩種人：喜歡夏普・高登的人，和不認識夏普・高登的人。第二種類型的人可以從《超級經紀人》（Supermensche: The Legend of Shep Gordon）開始認識他。這部紀錄片由他的朋友麥克・梅爾斯（Mike Myers）執導，記錄這名好萊塢最受愛戴男人兼經紀人的生活與經歷。他的經紀人生涯開端，就是一九七〇年代在幕後操盤艾利斯・庫珀（Alice Cooper）惡名昭彰的表演特色，在帶過其他重要人士之後，目前擔任達賴喇嘛的貼身顧問。

這部紀錄片是集合享樂主義、友情、嗑藥、經紀與靈性的大師班，應該沒有誰的人生比他的步調更快，行程更滿，一輩子致力帶給別人歡樂。觀看這部紀錄片，就像在看一部為心愛的人製作的祝壽影片，但影片裡出現的不是訴說自己有多愛他、分享淘氣小故事的家人，每一位都是你想得到的好萊塢明星。夏普以尺度大膽的小故事、深刻的佛教思想和精采絕倫的八卦事件，加油添醋地演說完畢後，我總算逮到他。而夏普整個過程都讓人感覺他很放鬆、快樂，在做自己想做的事，他分享個人忠告時也是這麼說。**「我的忠告就是跟著你的幸福走。」**我請他再詳細說明。

「如果你想擁有美好人生，就得找出讓你開心的事，只做這件事。」

要是你不知道那是什麼呢？「我的建議如下——走進房間，烏漆墨黑的房間，單獨待著，每天至少三十分鐘，坐在黑暗中思索，每天走進那個黑暗的房間持續做，直到想出能讓你開心的事。」我問他，除了坐在烏漆墨黑的房間裡，他的幸福是什麼。**「我的幸福就是讓別人開心，我這輩子都在實踐這個任務。」**這個回答與我們對他的了解一致，也跟他最後一句話相符。「我現在要回我的房間，坐在我的陽台上，捲一根大麻菸，讓自己開心一下。」

夏普·高登：名不虛傳的超級經紀人。

Follow your

BLISS

If you want to have a good life,
you have to

FIND

out,
and then only do,
what makes you

HAPPY

「如果你想擁有美好人生，就得找出讓你開心的事，只做這件事。」

Sarah-Jayne BLAKEMORE

"The important thing is to cut them some slack: at fifteen they may look like an adult, but they don't have the brains of one, so make allowances for them."

認知神經科學教授　莎拉－潔恩・布雷克摩爾

莎拉－潔恩・布雷克摩爾教授的青春期腦部研究

很難得可以遇到真正知道自己在說什麼的人，倫敦大學學院（University College London）的認知神經科學教授莎拉－潔恩・布雷克摩爾博士（Dr Sarah-Jayne Blakemore），就是其中一個。

她選擇的專業領域是青春期腦部，幾乎沒人比她更懂青少年的大腦。

過去十五年來，莎拉－潔恩都在研究青少年及他們的神經活動。她一開始申請研究青少年腦部的經費時碰壁，補助單位的人說，這根本連正式的研究領域都沾不上邊，證明了她的研究有多冷門。

簡單來說，幾乎沒人認真研究過青春期的腦神經發展，但，莎拉－潔恩改寫了這一點。

帶領布雷克摩爾教授踏上青春期腦部研究之路的，正是她對科學天生的好奇心。她本來研究的領域是精神分裂症，研究過幾百名病患後，她發覺每位病人都說症狀是在十八到二十六歲間開始的，於是她開始好奇，病症形成前腦部究竟發生了什麼事。

但她在搜尋有關青春期腦部的資料時，檔案櫃卻空空如也，於是決定親自出馬研究。

她的研究逆轉了大眾對青春期腦神經的普遍看法——也就是腦部在兒童時期便停止發展，之後幾乎不再有變化。

莎拉－潔恩和她的同事利用核磁共振造影，研究自願參與的青少年大腦，結果顯示：青春期腦部會經歷劇烈變化與發展，這些改變可以解釋青春期出現的行為：愛冒險、受同儕影響、自我意識強烈。而且這類常被當作「賀爾蒙」或情緒問題的適應行為，有個很重要的發展目的。

青少年需要冒險、受他人影響，藉此發展自我認同的意識，並學會獨立不再依賴父母。

隨著青春期腦部的研究持續下去，她開始揭露導致飲食失調、焦慮與憂鬱症等，之類青春期心理健康問題背後的腦神經成因，找出適當的解決方式，也變得更有可能。

莎拉－潔恩的研究，讓她更對研究對象產生同理心，她希望社會大眾也能有同理心。「我的研究徹底改變了我對青少年的看法，我現在就像是青少年大使。他們身為社會的一分子，卻經常遭到誤解，而我們只是隨便打發、嘲笑他們。他們是當今社會唯一依舊縱容汙名化的族群。你不知道有多少人在聽到我說我研究的是青春期腦部時，都這麼對我說：『我想青少年根本無腦吧。』我們不該默許社會任何一個族群說出這種詆毀話語。」

由於她對青少年的內心世界有深入的了解，我們究竟該如何對待正值殘酷青春期的人，我請她給一則忠告：

「有件事很重要，那就是別逼他們：十五歲的青少年看起來也許已經像大人，但他們還沒有發展出成人的大腦，所以多包容他們，無論如何都不要隨便打發他們。就算沒有展現出學習方面的資質，他們還是有可能有成就：他們的腦部還會繼續發展，即使現在他們的大腦猶如篩網，未來也可能變成海綿。給他們時間與空間，讓他們的腦部自行發展，別急著催他們，成年後他們的大腦會感激你的。」

The important thing is to

CUT

them some

SLACK

at fifteen they may look like an adult,
but they don't have the brains of one,
so make

ALLOWANCES

for them.

「有件事很重要，那就是別逼他們：
十五歲的青少年看起來也許已經像大人，但他們還沒有發展出成人的大腦，
所以多包容他們，無論如何都不要隨便打發他們。
就算沒有展現出學習方面的資質，他們還是有可能有成就。」

Lawrence DALLAGLIO

"Are you working as hard as you could?
Have you done everything, and I mean everything, you can to get ready for that match?
And the answer always has to be yes."

前英格蘭橄欖球隊隊長　勞倫斯．達拉戈里奧

勞倫斯・達拉戈里奧出奇制勝

「輸的感覺很可怕，一點好處都沒有。如果你跟我一樣是職業級選手，肯定要痛恨輸的感覺，要恨到連身體都覺得不對勁。」

我並不打算反駁，因為你不會想跟勞倫斯・達拉戈里奧（Lawrence Dallaglio）這種體型的男人爭執。他是英格蘭橄欖球隊前任隊長，也是贏得二〇〇三年世界盃橄欖球冠軍賽，一分鐘都沒下場的球員。這男人根本形同鋼鐵。我們在聊要怎麼樣才能在自己的運動項目裡卓越出眾，他是英國史上最讓人肅然起敬、最長青的職業橄欖球選手，他當然知道自己在說什麼。達拉戈里奧坦承天分很重要，但不是最重要：「如果你不斷渴望學習新事物，反覆不停練習，天分就占其次。」他講到職業運動選手一個平凡無趣的真面目，那就是必須每天、整天重複演練某個觸球、踢球、傳球的動作，做到完美為止。

他很清楚無論是誰，勝利都得來不易，尤其是表面上得來不費工夫的人。「想贏球就得吃苦。每次上場時，都有另一支隊伍跟你一樣想贏球，也同樣痛恨輸的感覺。他們想要毀了你辛苦的成果，從你手中奪走勝利。」

所以，你是怎麼面對職業運動上場時的壓力，確定自己會是帶著獎杯離開球場的那支隊伍？達拉戈里奧最後分析道，你的想法就是成敗關鍵。所謂的想法，就是對自我的信心，職業選手要克服的就是質疑的聲音與技巧。

「開始新的一週時，你內心這麼想：我們週六要對上紐西蘭黑衫軍，要怎樣才能打贏他們？但打敗對方是你的責任，所以你得坐下，聽自己說出任何能說服你、相信自己能打敗對方、贏得比賽的話。一開始甚至得稍微欺騙自己，才能延續這種信心。只要能說服得了都好。從你真正相信的那刻起，就要確認你是否對自己完全誠實。你是否竭盡所能下苦功？你做盡一切努力了嗎？我是說為了這場比賽，你是否真的準備就緒了？答案必須永遠都是『是』，內心不能有一絲一毫的懷疑，否則就準備輸吧。」

我們都知道他有多不想輸。勞倫斯．達拉戈里奧：絕對不是輸家。

Are you working as

HARD

as you could?
Have you done everything,
and I mean everything,
you can to get ready for that match?
And the answer always has to be

YES

「你是否竭盡所能下苦功？你做盡一切努力了嗎？
我是說為了這場比賽，你是否真的準備就緒了？
答案必須永遠都是『是』。」

Margaret BUSBY

"It's amazing what you can accomplish if you do not care who takes the credit."

作家、廣播主持人、文學評論家　瑪格麗特・柏絲比

非洲的女兒瑪格麗特・柏絲比

我正從瑪格麗特・柏絲比（Margaret Busby）身上，挖掘創辦出版社的獨家內幕，她身兼作家、廣播主持人、文學評論家和艾利森與柏絲比公司（Allison & Busby）的共同創辦人，也是六〇年代崛起、勇於打破陳規的出版人。「我們沒有經費，根本不知道自己在幹麼。」她講到自己跟克里夫・艾利森（Clive Allison）當時的狀況：「我們當時只有理想，和用不完的精力。」

這兩點從他們第一本出版的書就可看出端倪。那是一部黑人力量[21]小說，書名為《坐在門口的幽靈》（*The Spook Who Sat by the Door*），講述美國中情局的非裔美籍探員發現，他只是被當作「象徵性黑人[22]」的一顆棋子，反叛不服的他，便召集年輕黑人「自由鬥士」反抗政府。在種族歧視氛圍濃厚的一九六〇年代晚期，這本小說很具爭議性，大西洋兩岸沒有出版社敢簽，但瑪格麗特相信作者和這個故事的重要性，於是借來五十英鎊（約台幣兩千元），讓作者在倫敦安頓，協助整理他的手稿。「寫完後我們寄到《觀察家報》（*The Observer*），請他們刊登連載。但他們退回給我們，說不連載小說，就算有，也不會是像這樣的黑人力量小說處女作。我們寄回去告訴他們，『你們大錯特錯了』，最後他們才答應連載。」

瑪格麗特致力於用書寫文字訴說重要的故事，讓聲音被蒙蔽的人可以發聲，這是她在五十載的職業生涯持續不斷的堅持。她公司的任務就是「為他人所不敢為，但我們覺得勢必完成的事」。她跟來自各種信仰、膚色與國籍的出版作者攜手，以她的大部頭作品《非洲的女兒》（*Daughters of Africa*）創造文學史。這部厚達一千頁的口述與書寫合集，集合了兩百多名擁有非洲血統的女性，為這些飽經冷落、淡忘、貶抑的聲音，提供一個全球性抒發平台，因而馳名當世。

她所認知的邊緣化是很個人的經驗，不僅因為她是從小就被送到英國寄宿學校上課的迦納小孩，更因為她是一個在當時白人男性主導的出版產業工作的黑人女性。她不斷遭遇程度輕微卻根深柢固的種族歧視；人們來到她公司時，都以為她的白人男性工作夥伴艾利森是負責人，而身為黑人女性的她，則是他的助理或情人，或兩者皆是。「社會眼光認為我跟他的身分不平等，從銀行經理到窗戶清潔工，每個人都要求跟我的合夥人說話，我只是一個黑人女生。」她現在依舊飽嘗類似的偏見，只是形式不同。「他們只會要求我評論黑人作家的書。我上過大學，讀過英語，我懂莎士比亞，可是我卻只能接黑人文學。」她說，這「不是因為人們心存偏見，而是因為他們沒有想像力」。

我問她會不會困擾，「我有次確實跟一位編輯說：『你知道嗎，我也能評論白人作者的書。』接著就沒工作做了，他們不好意思分派黑人作家給我，卻仍然沒把白人作家交給我。」瑪格麗特沒有流露出備受打擊或埋怨的樣子，單純娓娓道出在白人男性世界裡，黑人女性的處境。「我大可每天都吵，但有時還是咬一咬牙，繼續前進比較好。」

出版人跟編輯之間有一點略為相似，那就是都需要咬牙撐過去。「你的工作就是編輯作者的創作，如果你做得好，大家都會讚美作者功力高強；反之，要是一本書不好，他們就會改口說是編輯太糟，但這就是常態。」她把編輯的角色比喻為「助產士，你幫作者用最好的方式說出他們想講的話，但不能帶有自我色彩。」

有趣的是，她讓故事傳頌下去、讓人的聲音被聽見的職業生涯，與她最大的嗜好相映成趣，而且即使沒有掌聲，也做得很開心。她默默寫了好幾百頁的維基百科，凡是她認為重要的，無所不寫：人物、事件、出版社、書籍和音樂。「這很重要，否則事情發生，人們離開，也永遠遭到遺忘。寫下來才能為未來留下東西，就像種下一棵樹那樣。」她最喜歡的兩則忠告都跟耕耘改革，卻不求收穫果實有關。第一則是她重述美國前總統哈瑞・杜魯門（Harry Truman）的至理名言：「只要不在乎名利，你就能完成非凡成就。」對於一個孜孜不倦、躲在幕後鼓吹多樣性、打擊文化藝術偏見的女性，這句箴言很適合她。但她說她對人生的態度，還是這句她讀過的希臘格言，最能道出精髓：

「即使知道自己永遠無法乘涼，前人仍願種下樹木，這就是讓社會茁壯的力量。」這句話完美地概括了她所做的貢獻。後來我上網時，發現社會上的某人幫瑪格麗特・柏絲比寫了篇維基百科文章，為她種下一棵樹，內心欣慰不已。

21・黑人力量（Black Power），一九六〇年代開始，在美國被廣泛使用的政治口號，對抗對種族壓迫，讓黑人意識到他們不需依賴白人的權力結構，也有能力改變自己的情況，享有應享的人權。

22・為了展現多樣性及避免白人排斥黑人的嫌疑，在社會活動中象徵性地留給黑人某個位置。

It's

AMAZING

what you can

ACCOMPLISH

if you do not care
who takes the

CREDIT

「只要不在乎名利，你就能完成非凡成就。」

James

CORDEN

"My advice to someone younger is search for the thing you're good at and don't stop."

演員、主持人　詹姆士・柯登

放眼世界的詹姆士·柯登

不用說，坐落於北倫敦的埃爾斯特里影城（Elstree Film Studios），確實少了好萊塢片場某種輝煌與活力，但好處是這裡有Nando's葡式烤雞餐廳，也是《粉紅大聯盟》（A League of Their Own）第十一季的錄製現場，主持人則是從英國紅到海外的演員／主持人／劇作家／車上卡拉OK駕駛：詹姆士·柯登（James Corden）。

下午，我在他晚上的節目開錄前，被領進他的化妝室。電視開著，詹姆士正坐在沙發上看他朋友安迪·莫瑞打溫布頓四強賽，還邀我一起看。我倆肩並肩坐著，目不轉睛看球賽，兩腳蹺在茶几上，偶爾穿插一兩句對比賽的評論。沒多久Nando's送來了，我發現自己居然跟晚餐電視節目裡的大人物一起吃晚餐、看電視。

不得不說，詹姆士·柯登是很好的電視晚餐夥伴，散發出一股難以言喻的特質，讓你一見到他就能放鬆。

以他的歌藝、演技、寫作、主持甚至舞蹈天分來說，換作是別人，可能會讓人很有距離感，但他的「好好先生」形象卻壓過距離感，你憑直覺就能感受到他從角落默默散發的鼓勵，或者在這裡是沙發角落。

會有這麼多演藝圈大咖想上他在網路瘋傳的美國電視節目，其中一個原因就是他隨和謙遜的個性。

愛黛兒（Adele）跟他一起在《車上卡拉OK》高歌，小賈斯汀（Justin Bieber）也穿上詹姆士的衣服，跟他一起主持節目；第一集節目首播時，湯姆・漢克（Tom Hanks）還跟他一塊兒重現他最紅的九個電影橋段。名人上節目，不是為了宣傳他們的新活動，而是純粹想上這個節目。

沒人能像詹姆士一樣，讓美國大咖感到如此賓至如歸。「我也不知道我何德何能，可以製造這麼多美妙回憶。

「上週我還跟美國第一夫人蜜雪兒・歐巴馬（Michelle Obama）開車繞白宮，我暗自心想：『要是我還窩在高維克（High Wycombe），恐怕就不會有這種機會。』」

讓大咖參與的一大主因，就是他能讓來賓覺得很安心，他們知道跟詹姆士在一起，詹姆士不會讓他們出糗，除非他們自己想這麼做。「他們對我的信任，或多或少是因為他們知道我不會硬逼他們，只會讓他們發光發亮。我們總是以帶來最多歡笑的方式開場。」

用營造歡笑來形容詹姆士的職業生涯很適當。對我們觀眾來說，歡笑部分來自於看著詹姆士自己很享受每一分每一秒。

「這是我在百老匯演出《不羈吧！男孩》（The History Boys）時學到的。人們總說他們喜歡看我們玩得很開心的模樣，所以我就想，要是大家喜歡看，那我為什麼不真的玩得開心，而不是用演的而已。」

事實上，享受過程真的很簡單。「我想不起來有我不想表演的時刻，或老實講，愛現某些能力。」但作品品質非常需要嚴格的職業道德。詹姆士喜歡跟大咖合作的原因之一，就是跟他們合作能讓他進步。

他回憶湯姆·漢克為了節目首播，特地早一天飛來，反覆跟他彩排。「我不停跟他說：『真的謝謝你特地來彩排。』然後，他對我說：『詹姆士，這可是演藝事業，演藝事業是需要很認真看待的行業，因為你愈努力，就能愈快忘記辛苦。』我心想：『對哦，你說得真是太對了。』你努力做到好的事永遠不會出現在腦海，反而是沒盡全力去做的事，之後才會回頭折磨你。」這原則套用在人生也大致成立。

影集《蓋文和史黛西》（Gavin and Stacey）就從沒讓詹姆士懊惱過。他和另一名編劇露絲·瓊斯（Ruth Jones）寫的每句台詞、每個人的演出，都禁得起時間考驗，這部電視劇帶來與《六人行》（Friends）一樣的迴響，在英國有線電視持續重播，就是證明。

我告訴他，對我而言，這部電視劇含蓄又出色地捕捉到英國人的習性和無厘頭，如果有外星人想認識英國，我會推薦他們泡杯茶，好好看這二十集。

詹姆士對這個說法有所保留，他說希望節目能跨出英國人的範疇，更具普遍性。他說：「如果有人說這部電視劇講的是人們談戀愛後，家人出現改變，然後，他們家人的家人也跟著改變的故事，我聽到會更高興，因為這些事全世界都在發生。」這又說明了他成功的另一個原因：詹姆士打造的內容是寫給全世界的人，伊朗人看《車上卡拉OK》會開懷，冰島人或義大利人看，也是一樣。

詹姆士的成功特質，道出一個真相：那就是無論人們身在何方，都會覺得同樣的笑話好笑，同樣的故事有趣，想要看到同樣的面孔出現在攝影機前，這個事實也顯現出詹姆士具有更遼闊的世界觀。

「我們的相似處多於差異，如果你不把自己侷限為某國家的人民，而是世界的子民，很多問題就迎刃而解了。例如，你第一個想法不是該如何減少進入自己國家的移民人口，而是思考要怎麼讓所有國家變好。」

最近，他兒子問為什麼資源回收很重要時，他對五歲的兒子講了一個可愛的故事，傳達了這份世界一體的思想。

「我對他說，想像一下你發現一顆二十五呎寬、二十五呎高的球正在漂浮，而且它不只漂浮，還輕微旋轉。如果你湊近一點看，會發現上面有密密麻麻的小生物在走動。如果再更靠近一點，就會看到每個生物都長得不一樣，他們都是特殊的個體，擁抱彼此，愛護彼此，建立美好事物。要是這時候有個人來，說：『咱們在這顆球的這邊倒一點酸液下去吧，再覆蓋上一大堆垃圾。』人們是不是會挺身強烈抗議，說我們得永遠保護這個地方？我告訴你，我們的地球就是那顆球。然後他只說：『好，知道了爸爸，我們現在可以出去外面玩了嗎？』」

由於他正好在分享智慧，所以我請他給一則最好的忠告。對此，他主張找出自己專長的重要性。

「知道自己擅長什麼，就能打造出鋼鐵般的內心，你可能擅長水電、製作桌子、開計程車或什麼都好，不過只要能說出『這件事，我知道我能做好』，那麼對你的自信心就會很加

分。所以我給年輕人的忠告，就是找出你擅長的事，不要停。」

這句忠告講完後，他又真誠地回溯當他找到自己的專長時，是怎麼讓他打造出鋼鐵般的內心，撐過小時候被欺負的日子。

「我還記得在學校時，我會想：沒錯，你跑得比我快，你比我強壯，你的數學比我好，你的鋼琴彈得比我棒，但說到學校的話劇演出，你們的表現都比不上我。這時，我才停止去想自己被霸凌得太過分又被排擠。」

就是那種自我意識，那種擁有一技之長的感覺，壯大了他的勇氣。他最後告訴我，他去見生涯輔導員時，他們問他將來出社會想從事什麼工作。

「我說：『我要當演員。』

然後他們說：『不，也許你想當演員，但還是要找點別的事做。』我回他們：『不用了，我就是要當演員。』然後就全心朝這個目標努力。畢竟要是你不放棄，就不會失敗，不是嗎？」

他的努力有了輝煌成果，身為觀眾的我們就跟他一樣，也可以享受他的成功。

My advice to someone

YOUNGER

is

SEARCH

for the thing
you're

GOOD

at and don't stop.

「我給年輕人的忠告，就是找出你擅長的事，不要停。」

Nicola

STURGEON

*"Stand up for what you believe in.
Always with conviction,
with passion and integrity."*

蘇格蘭首席大臣　妮可拉・施特金

妮可拉・施特金的英雄本色

蘇格蘭國會正值暑期休會，蘇格蘭首席大臣妮可拉・施特金（Nicola Sturgeon）正要去度假，目的地：葡萄牙。

首席大臣很期待休假，她準備了一整皮箱的書，打算以她最喜歡的放鬆模式盡情享受。至於度假地點，葡萄牙其實是第二選項，是因為她丈夫的家人在葡萄牙有房子才去。那她的首選是哪裡？這個嘛，答案一點也不意外：蘇格蘭。

妮可拉・施特金就是將蘇格蘭濃縮後展現在人身上的精華。

這名政治界媲美《英雄本色》（Braveheart）的民族英雄，注定要率領摯愛的蘇格蘭走向獨立，至死方休。她將蘇格蘭的選情地圖逆轉成一片黃澄澄，正是蘇格蘭民族黨（Scottish National Party）的代表色。十六歲時，還是學生的她就加入蘇格蘭民族黨，然後在四十四歲，這年當上黨主席。二〇一五年，她第一次以黨魁及蘇格蘭首席大臣身分出戰大選，在蘇格蘭的五十九個席位中，蘇格蘭民族黨從原本的六席，增加到五十六席，只留了三個席位給保守黨、工黨和自由民主黨去爭。歷史上沒有一位政黨領袖曾闖出如此傑出的佳績。你可以理解為何《富比士雜誌》會選她為英國第二強大女性——僅次於英國女王陛下。

我請教首席大臣，她是怎麼辦到的，訣竅是什麼。她謙虛地轉移話題，回答說她覺得這不是她一個人的功勞，但她可以說：「政治不應該被當作一種職業選項，進入政治圈的人應該要因為強大信念才進來，必須知道自己為何奮鬥，為了誰奮鬥，接著以與他們生活息息相關的方式表達出來。」

妮可拉・施特金擁有這種能力，她的表達能力很高明，但並非說得冠冕堂皇、巧言令色，而是在每次演說時，對於自己要做什麼一清二楚，並且充滿真切的熱情，同時保持冷靜，全程注視著觀眾的眼睛。

她形容脫歐公投的結果是「難忍難容的民主」（蘇格蘭大多數人投票留在歐盟）。她的語氣略帶憤慨，沒人質疑她的用意及下一步會怎麼走。更直接地說，有的媒體說，蘇格蘭民族黨在大選的勝利姿態，其實是推波助瀾，幫她的死對頭保守黨走進政府，她對此番言論的結論是「胡說八道」，字字清楚，不拖泥帶水。簡言之，蘇格蘭首席大臣是少見的政治家：她說的都是真心話，而且是掏心掏肺。

我問她背後驅動的信念是什麼，首席大臣用博學多聞的兩個字總結：賦權。「如果我們有權力掌管自己的命運，我們的日子就會好過，這一點跟蘇格蘭成為一個國家，以及我們可以自己做決定的權利，明顯脫不了關係。但賦權跟我們個人和群體也都息息相關，我們都應該被賦予權力，有能力塑造周遭的世界。」

這種民族自決論，從各方面很早就深深烙印在她心裡。「我出生的時代背景是柴契爾夫人，在政府的政治決策下，蘇格蘭人遭遇去工業化的重挫，賦權猶如天高地遠，而這個政府甚至不是我們民選的，在我看來，這明顯就是不對。」

當時有位女性工黨下議院議員來學校演講，說明自己的工作，讓妮可拉靈光閃現，認為政治也許可以打擊社會問題以及身旁可見的不公正。「我很感激那位女議員那天用寶貴的時間對我們演講，但她也說想在蘇格蘭參政，就要加入工黨，這點我倒是不能認同，最後在蘇格蘭民族黨落腳。」這個決定對蘇格蘭民族黨是好消息，徒留工黨扼腕。

妮可拉・施特金未來是否能達她這輩子的願望與該黨的創建目標，也就是蘇格蘭獨立，我們靜觀其變。但沒人比她更賣力、更適合打這場戰。撇開政治立場不談，她有效運用技能、保持活力，最重要的是她信念的勇氣與堅持，都使她贏得各界尊重。這個女人聽從自己的忠告。

「為了自己的信念站出來，永遠都要懷抱信念、熱忱與正直，別讓意識型態蒙蔽你，忠於那個帶領著你的信念。用自己的聲音與話語，用只對你有意義的方式，把信念說出來。」

Stand up for what you believe in. Always with

CONVICTION

with

PASSION

and

INTERGRITY

Don't let ideology blind you,
but remain true to what guides you.
And speak in your own voice, in your own words,
in a way that makes sense to you
and that could not be from anyone else.

「為了自己的信念站出來，永遠都要懷抱信念、熱忱與正直，
別讓意識型態蒙蔽你，忠於那個帶領著你的信念。
用自己的聲音與話語，用只對你有意義的方式，把信念說出來。」

誌謝

大家都說寫作是孤獨的過程，可是這本書卻是團隊運動。

最要感謝的是教頭兼出版人杰米・巴達・賓恩（Jamie Bada Byng），他的精力足以充飽整個西倫敦的電力，而且大多時候他似乎就是這樣。他是熱血、洞見和鼓舞的完美化身，熱心助人沒得比。如果早餐想吃雞翅，打給他準沒錯。

我的算命仙經紀人東尼・托皮恩（Tony Topping）不斷供應我智慧忠告，擔任我的博學顧問，毫不拐彎抹角地提醒我寫一本書的基本要素，就是我得真正提筆寫。

大力感謝蘇菲・塞特克里弗（Sophie Sutcliffe），雖然已經大腹便便，卻依然黏在電話與電子郵件上，幫我們聯絡到一些不得了的人接受訪問，也要謝謝小罌粟願意借她老媽助我們一臂之力。

我往昔的共犯，與我一同招搖撞騙的法蘭切絲卡・尚比（Francesca Zampi），打從一開始就大力鼓勵我，還為了我翻開她的電話簿。同樣要感謝的是金恩・查波爾（Kim Chappell），她在聯絡人員、正面鼓舞、電子郵件方面的功夫也不是蓋的，而且她還是很好的茶友。露西・麥可因泰（Lucy McIntyre）在各方面都是大師級，幫我敲開紐約的大門。麗茲・包爾（Lizzie Ball）、尼克・克雷格（Nick Clegg）和艾倫・狄波頓都做足好人，帶我去認識跟他們一樣傑出的人。

坎農格特圖書出版公司（Canongate）的團隊，絕對是專業、風趣又聰明的合作對象，讓這次合作經驗很愉快。我要特別感謝喬・丁格利（Jo Dingley）耐心指導這本書的方向，沒讓我迷航。謝謝拉菲・羅瑪亞（Rafi Romaya）的藝術眼光、安娜・弗雷姆（Anna Frame）和珍妮・弗萊（Jenny Fry）的無所不知、拉芮・賈德利尼（Lara Gardellini）的支持，以及珍妮・陶德（Jenny Todd）在最需要的時候加入，幫我們解決問題。

相信你也看出來了，山謬・柯爾（Sam Kerr）是不可多得的藝術家，他的人物畫為這本書增色不少。

幕後還有一些我可能不會見到面的人，但我對他們的感激不變：包括轉錄文字的夥伴，尤其是我們的大師凱倫·克羅威（Callum Crowe），以及全年無休、開朗的文字主編戴伯斯·瓦納（Debs Warner）。

我當然也十分感謝每一位參與的朋友，為了本書貢獻個人時間、故事，以及最重要的：個人忠告。

在真情流露的肉麻話方面，我要毫無保留地感謝我老爸、老媽，雖然我在人生路上遇過不少充滿智慧的人，但直到今日他們還是我的最佳忠告來源。我要謝謝娜蒂亞（Nadia）和貝蘿思（Bay Rose），就是我聽了爸媽最好的忠告才有妳們，我等了一輩子終於與妳們相遇。

慈善機構

我很幸運可以得到家人、朋友和各界楷模的好忠告與鼓勵，尤其是在懵懂無知的年少時光。我知道不是所有人都跟我一樣幸運，所以我要把這本書的作者所得，全數捐給下列五間社會包容與輔導的慈善機構，他們致力協助需要鼓勵話語、第二次機會或規劃未來的人。

月桂樹中心（The Baytree Centre）

這間位於倫敦南方的慈善機構，透過成年女性與女孩的教育和訓練課程，促進對內城區窮苦家庭的社會包容。

www.baytreecentre.org

英國機會機構（Chance UK）

這是英國全國性的公益輔導機構，主要協助五至九歲孩童發展個人實力、建立自尊，積極找出矯正不良行為的方法，以助他們在日後的人生不做出反社會或犯罪的行為。

www.chanceuk.com

英國拓荒者（Trailblazers UK）

該慈善機構遍布全英國，聚焦年輕罪犯，與經過專業訓練的志工配對後，改變他們的人生道路，協助他們步上正軌，重新融入社會。

www.trailblazersmentoring.org.uk

傳愛聯盟（Reach Out）

位於倫敦與曼徹斯特的公益輔導機構，主要在幫助有行為問題／學習障礙／自信問題的年輕人，協助他們得教育機會，發展人格，由激勵人心的模範老師一對一提供輔導。

www.reachoutuk.org

聖吉爾信託基金會（St Giles Trust）

這間倡導社會包容的慈善機構，為不良少年提供課程，致力打破犯罪循環。他們也支持有各種身心障礙的人，對象涵蓋全英國的孩童乃至成年人。

www.stgilestrust.org.uk

People 001

假如我只能給你一個忠告：六十二位名人給你的人生建議

If I Could Tell You Just One Thing : Encounters with Remarkable People and Their Most Valuable Advice

作者　理查・瑞德（Richard Reed）
插畫　山謬・柯爾（Samuel Kerr）
責任編輯　魏珮丞
特約編輯　吳佩芬
美術設計　野生設計國民小學

社長　郭重興
發行人兼出版總監　曾大福
第六編輯部總編輯　魏珮丞
出版者　遠足文化事業股份有限公司
地址　231 新北市新店區民權路 108-2 號 9 樓
電話　（02）2218-1417
傳真　（02）2218-8057
郵撥帳號　19504465
客服信箱　service@bookrep.com.tw
官方網站　www.bookrep.com.tw
法律顧問　華洋國際專利商標事務所　蘇文生律師
印製　呈靖印刷
初版　2017 年 10 月
定價　400 元
ISBN　978-986-95479-1-8

國家圖書館出版品預行編目（CIP）資料・假如我只能給你一個忠告：六十二位名人給你的人生建議／理查・瑞德（Richard Reed）著 ； 張家綺譯・ 初版・ 新北市：遠足文化， 二〇一七・十月・三百八十四面；十四點八 × 二十一公分・ People；1）譯自： If I could tell you just one thing... : encounters with remarkable people and their most valuable advice ／ ISBN 978-986-95479-1-8（平裝）1・人生哲學・191・106016797

故事的力量
People